F. H. Beens

Pendelschläge einer Standuhr

F. H. Beens

Pendelschläge einer Standuhr

– Erzählungen –

Projekte-
Verlag

Impressum

1. Auflage
Satz und Druck: Buchfabrik JUCO GmbH • www.jucogmbh.de
© Projekte-Verlag 188, Halle 2006 • www.projekte-verlag.de
ISBN   3-86634-104-0
Preis: 9,80 EURO

Inhalt

7

Novembertage
– Eine lyrische Erzählung –

19

Metamorphose einer Erinnerung
– Reise durch altvertraute Landschaften –

63

Pendelschläge einer Standuhr
– Novelle –

Novembertage
– Eine lyrische Erzählung –

– 1 –

Grau und nass ist der November,
meine Stimmung passt sich an.
Ging's noch halbwegs im September,
fing's heut früh schon böse an.

Stieg um zehn erst aus der Kiste,
war noch immer ziemlich blau.
Wenn ich nicht zum Doktor müsste,
kröch ich heut nicht aus dem Bau.

In des Doktors Wartezimmer
saß ich dann und sah mich um.
Meine Schmerzen wurden schlimmer,
krümmte meinen Rücken krumm.

Sture Blicke hatten alle,
die hier saßen, Stuhl bei Stuhl.
Manche hatten's an der Galle,
welche schwatzhaft, andre cool.

Endlich kam ich dran beim Doktor,
der beklopfte mich genau,
schlug auf Knochen, doch dann stockt er,
sagte noch: „Sie arme Sau."

„Leiden ziemlich an Arthrose!"
Gab mir freundlich ein Rezept.
„Hüten wir uns vor Thrombose",
meinte er wie ein Adept.

Doch ich war ja nur besoffen,
Ischias kam noch dazu!
Doch es machte mich betroffen,
wo dem Doktor drückt der Schuh.

– 2 –

Flüchtend trollte ich mich fort.
Ein Pärchen kreuzte meinen Weg.
Die Abendsonne stand schon schräg.
's war an einem düstern Ort.

Friedhofmauer. Glockenhaus.
Und Gräberkreuze ragten hoch.
Und Efeu, das auf Steine kroch.
Ziemlich traurig sah's hier aus.

Schlurften einen Steg entlang,
gebeugt und schleppend war ihr Schritt,
der Greis zog seine Alte mit.
Vöglein auf der Birke sang.

Grabstein in dem Schatten stand,
sie hielten sich an Händen fest,
die Augen feucht, den Mund gepresst,
schwiegen lang am Grabesrand.

Später hab ich nachgeseh'n,
Das Datum stand gemeißelt dort.
Es war der Tod nach einem Mord?
War's vielleicht im Suff gescheh'n?

Unfall auf der Autobahn?
Es konnte alles möglich sein.
Infarkt und Krebs und Gift im Wein.
Gramgebeugt, der alte Mann.

Kummervoll, die alte Frau.
Ihr Leben war nun ohne Sinn,
sie stellten täglich Blumen hin,
Leben war nun trostlos, grau.

Junge gingen oft vorbei,
sie sahen diese Alten nicht,
sie standen laut im hellen Licht,
ihnen war es einerlei.

– 3 –

Ich ging nicht in die Stadt zurück.
Mir lief der Vollmond hinterdrein
und schien mit seinem Mondenschein
mir dreist, beharrlich ins Genick.

Ein Käfer fiel von seinem Kraut.
Ein Häher floh aus seinem Nest.
Ein Irrlicht schwang sich durchs Geäst.
Ein Frösteln kroch auf meine Haut.

Ich hielt vor einer dunklen Schlucht.
Und Farnkraut fächelte darin.
Auch bleiche Knochen lagen drin,
als Reste aus dem Krieg verflucht.

Da lagen Messer und Gewehr,
Granaten, eine Panzerfaust.
Wie mir's vor diesem Blechzeug graust!
Gebrochen lag es kreuz und quer.

Der Sturm hatt' einen Baum gefällt,
auf seine Wurzel warf ich mich
und fühlte mich nur jämmerlich.
Ich fror in dieser Totenwelt.

Eiskalt war die Novembernacht.
Mein Blut zerschmolz im tollen Kreis.
Ich saß, ein umgebrachter Greis,
in Klammern einer größern Macht

und segelte, zwar längst verjährt,
nach Norden in die Eiswelt hin,
wo Schwertwal, Rentier, Eisbärin
mit ihren Jungen, eingesperrt,

sich trollten, heiter und verspielt.
Ich stand in einer kalten Stadt
und bat, was zu bedeuten hat,
was ich für Riesengräten hielt,

mir zu erklären. Das Gesicht
des Mannes kehrte sich von mir,
entfernte sich, war nicht mehr hier.
Ich war erstaunt, verstand es nicht.

„Dort stand mal meiner Väter Haus.
Die Straßen unsrer alten Stadt.
Es war der Deutschen letzte Tat,
sie brannten's nieder, flohen draus."

Er blieb. Ich ging, begriff es nicht:
Dies Volk, das sich das Meine nennt,
das sich vor Sehnsucht ganz verrennt,
auf Liebe andrer ist's erpicht?

– 4 –

Es flüsterte sacht im
dürren Gestrüpp.
Es kroch aus der Nacht,
das Licht war noch trüb.

Was wühlte im Staub?
Und hing unterm Ast?
Verkroch sich im Laub?
Wer war dieser Gast?

Ich sog frische Luft,
Es war wie ein Spuk.
Ein nebliger Duft
hing wässrig im Rock.

Kein andrer als ich
erwachte im Wald.
Es schauderte mich,
der Morgen war kalt.

Ich strauchelte fort,
den Feldweg entlang.
Was flimmerte dort?
Kam runter den Hang?

Ich konnte nicht mehr,
die Füße war'n taub
und brannten schon sehr.
Ich saß nun im Staub.

Er strampelte ran,
an mir noch vorbei
und hielt dann doch an.
Wer immer er sei.

Gesicht ohne Bart,
an Jahren grad zehn,
von freundlicher Art.
Ich konnt' nicht mehr steh'n.

„Wo woll'n Sie denn hin?"
Was log ich dazu?
Was hatte noch Sinn?
Er gab keine Ruh.

„Ich kenne Sie nicht.
Es macht mir nichts aus."
„Mich peinigt die Gicht.
Ich will nur nach Haus."

Ich log was drauflos.
Er stieg von dem Rad.
Es ging ganz famos,
worum ich ihn bat.

„Ich setz mich auf's Rad.
Du schiebst hinter mir.
Ich bin viel zu matt.
Zu zweit fahren wir."

Wie mordsmäßig dumm
der Junge auch war,
ich sah mich nicht um,
es wurde mir klar:

Wer's Alter noch schätzt
und denkt nicht an sich
und kommt angewetzt
und strampelt für mich,

der hat, ach, wie blöd,
zwar Tassen im Schrank.
Die Welt ist zu öd,
sie will keinen Dank.

– 5 –

Geruhsame Stätte!
Der Mond schien herein!
Ich lag schon im Bette!
Und schnarchte mich ein!
Ein scheuer Traum
ergriff mich kaum,

da traf ein Getöse
den träumenden Schlaf!
Ich war ziemlich böse,
weil's MICH grade traf!
Ein lautes Schrei'n!
Ein Feuerschein!

Ich sprang an das Fenster!
Was war draußen los?
Ich sah nur Gespenster!
Der Trubel war groß!
Ein Haufen Schrott!
Und Menschen tot!

Da lagen vier Leute!
Zerfetzt! Und entstellt!
Die rasende Meute!
Zu Tode zerschellt!
Erst neunzehn Jahr
ihr Alter war!

Er fuhr seinen Porsche,
vom Vater geschenkt.
Der Sohn war der Forsche,
der's Leben verschenkt'.
Morgenrot
bracht' den Tod.

– 6 –

Der Winter brach zu schnell herein.
Arzt war schuld am Tod?
Ampel oft auf Rot!
Und Kranksein ohne Krankenschein!

Und Baumstumpf auch als Hackklotz dient!
Hausverkauf nach Mord!
Dreckig war der Ort!
Die Totengruft geöffnet grient!

Er soff den Schnaps im Wasserglas.
Schlimm fürs Pflegekind.
Unheil stob im Wind.
Er trank zu viel, ich weiß nicht, was.

Da lag verfault das Ährenfeld.
Scheunen standen leer.
Ohne Wiederkehr.
In radioaktiver Welt.

Es schmolz auch noch die Luft zu Staub.
Gänse auf dem Markt?
Vogelgrippe parkt
nun schon versteckt im Straßenlaub.

Die Eltern dachten nur an sich.
Nur auf eig'ne Faust
Kind durchs Leben saust,
verwechselt oftmals mir und mich.

Sie fanden eine Partitur
vom Genie aus Wien.
Wie kam die da hin,
wo's klang nach Wallstreets Moll und Dur?

Blamage jetzt in Königsblau!
Fußball aus dem Lot!
Lichtgestalt tat Not!
Was blieb, das war TV-Radau!

Die Nutten hatten Fahrverbot
hier in diesem Dorf,
stachen nicht mehr Torf.
Sie standen jetzt am Küchenpott.

Und voll, besoffen war der Arzt.
Saß auf seinem Schoß.
War die Liebe groß?
Das Studium war nun verquarzt.

Aus fernen Welten kamen sie,
machten uns devot,
trampelten uns tot,
zersetzten unser Los wie nie.

Aus nahen Welten kamen auch
Profis überall,
Goethes Rauch und Schall,
es war der Dümmer-macher-Brauch!

So wie die Wechselspiele sind,
wechselt das Niveau
zwischen Thron und Klo.
Sie sind TV-ens liebstes Kind.

– 7 –

Ich tapse, Strang hängt mir am Hals,
die Leiter rauf wie'n Blinder.
Geächtet bin ich jedenfalls.
Das ist auch nicht gesünder.

Am Strick hält sich ein Spinnentier.
Die Eulen gehen schlafen.
Ich trinke noch mein letztes Bier.
Was kann ich sonst noch machen?

Mein Galgen steht im Morgenrot.
Die Ratten sind geboren,
und beißen meine Kinder tot.
Ich hab hier nichts verloren.

Die Klappe fällt. Da falle ich
und alle Schlangen zischeln.
Und alle schrei'n, bemühen sich,
die Wahrheit zu verwischeln.

– 8 –

Unsre Hände halten sich.
Der November geht zur Neige.
Bin geblendet. Führe mich,
wenn ich von der Leiter steige.

Wer den Fraß bereitet hat,
haben alle längst vergessen.
Alle sind erheblich satt,
wollen trotzdem weiter essen.

Ich steh unten, seh mich um
und begreife nicht das Wunder,
steh betroffen, bleibe stumm,
hier ist alles laut und bunter.

Drüben liegt der Galgenstrang.
Führe mich, wir gehen weiter.
Jetzt, mit dir, ist mir's nicht bang!
Geh'n zu zweit! Der Weg wird breiter!

Metamorphose einer Erinnerung
– Reise durch altvertraute Landschaften –

Es wird immer wieder ungebremst geschehen, dass ein Ahnungsloser, weil er auf der Bananenschale nicht ausrutschen wollte, wegen eines durchgekauten, ausgespuckten Kaugummis beinah lang hingeschlagen wäre, bestenfalls noch eben die Balance hält und Mühe hat, seine verklebten Schuhsohlen vom Hingeplatschten zu säubern.
Später verblasst der Ärger und man kramt seine Rosabrille heraus, die jedermann vorsorglich bei sich trägt, um seine selbst vor dem Kaugummi unantastbare Würde allen vorgaukeln zu können.
So geht's auch mir jetzt, während ich meine Kalendergeschichte schreibe ...
Mit der Technik eines durchtriebenen Langfingers pule ich Steinbrocken von meinen Schuhen, um dann wohlerzogen meines Wegs zu gehen.
Ich bilde mir ein, der Weg sei schnurgerade, kein fauler Apfel, keine eingedrückte Blechbüchse und schon gar kein lächerlicher, ausgespuckter Kaugummi bringen mich zum Stolpern.
Ich achte auch nicht auf die am Straßenrand stehenden Bösartigen, die jeder, der etwas auf sich hält, im Schlepptau hat, wenn sie mich argwöhnisch mit klobigen Fingern ihre Nasenlöcher ungeniert bebohrend, anstarren, noch unentschlossen, aber schon gewillt, mich mit Holzkeulen, Bratspießen, Flinten und anderen Ballermännern ins Jenseits zu befördern.
Arrogant schreite ich durch die Quadratur des Kreises.
Andere, vielleicht alle, behaupte ich, machen es auch so, drehen andere durch den Reißwolf und schlagen anschließend, leicht verdreht, ihre unschuldigen Glupschaugen gegen den segnenden Himmel. Weshalb kann ich nicht wie eine Gottes-

anbeterin blattähnlich auf einem Halm verharren, dann mit gezackten Sägearmen zuschlagen und den Saft eines menschenähnlichen Käfers bei lebendigem Leib aufsaugen?
Die Antwort ist einfach.
Ich bin keine Gottesanbeterin.
Und das Dilemma bleibt.
Und mit diesem Ballast im Hinterkopf will ich nun meine Kalendergeschichte schreiben?
Ich schreibe.

Wir, meine Frau Brigitte und ich, fuhren anlässlich unserer Goldenen Hochzeit durch Landschaften, die früher einmal hinter dem Eisernen Vorhang lagen. Wir wollten die Stätten unserer Geburt, Kindheit, Jugend, Ausbildung, beruflichen Tätigkeit und unseres Kennenlernens, unserer Familiengründung aufsuchen, um unsere Erinnerungen durch Inaugenscheinnahme der dortigen Gegenwart auf ihre Qualität zu überprüfen.
Voller Erwartung machten wir uns auf den Weg, begleitet von unserer bezaubernden vierbeinigen Lina. Wir fuhren mit unserem „BMW kompakt" und hatten keine Bange vor den vor uns liegenden tausend Kilometern.
Wir wollten uns nirgends länger aufhalten, wollten nur Stippvisiten stippen; das dreiwöchige Programm war allemal umfangreich und strapaziös.
Wir dachten uns unwirklich fern scheinende Jahrzehnte zurück. Längst war die Wiedervereinigung, wenn auch nur äußerlich, vollzogen.
Unser Startplatz war irgendwo zwischen Westerwald und Deutschem Eck. Noch hörten wir das vertraute Rauschen des Rheins, an dessen weintrunkene Ufer uns das deutsche Schicksal verschlagen hatte. Die alten Sagen und Heines „Loreley" plätscherten uns noch in den Ohren.
Geschickt wichen wir auf den geflickten Landstraßen den immer wieder vor uns ganz unerwartet aufbrechenden Löchern

aus; ihre wie Raubtierzähne gezackten Asphaltränder schreckten uns nicht. Die Beobachtung der sich zuweilen schikanös widersprechenden Hinweisschilder nahm uns voll in Anspruch. Dann ging's rauf auf die Autobahn. Hier war kein Irrtum möglich, wenn man die Augen aufhielt, mit offenen Augen mit der Geschwindigkeit rauschte. Wagen hoppelte, zischt hinter Wagen, oft auf drei Bahnen oder gar vier. Hatte man sich, belehrt von den zahlreichen Hinweisschildern, die manchmal auch durch Abwesenheit glänzten oder, wenn doch vorhanden, sich heimtückisch widersprachen, für keine falsche Fahrtrichtung entschieden, gab's auch kein Halten mehr. Wenn sich die Augenlider ermattet über die zu weit geöffneten Pupillen legten und fest zum Tiefschlaf entschlossen waren, deshalb mit sekündlichem Einnicken den Körper traktierten, half die feinnervige Nase selbstlos aus; schnüffelnd folgte sie, mit ihr das ganze zweibeinige Säugetier, also ich mit meinem „BMW kompakt", den dezenten Fäden, die paffend, puffend und fauchend aus unzähligen der vor mir dahinsausenden Nobelkarossen und Klapperkisten mittels derer Auspuffe strömten und verzichtete, Notarzt ergeben, auf den Spähblick der Augen.
Erlösend geradezu wirkten die nicht geringen Baustellen auf mich. Nicht nur, dass ich Zehen, Fußgelenke und Knöchel vom dramatischen Durchtreten des Gaspedals befreite, nicht nur, dass die beifahrerisch tätig Brigitte meine von Schweiß verklebten Geheimratsecken, meine tropfende Nase, die sausenden Ohren, die zerfurchte Stirn, den wund gescheuerten Nacken und die eingefallenen Wangen betupfen konnte, ich, der hilflos hinter dem Lenkrad Eingeklemmte, konnte nun endlich zwischen den gelben ungefähr zehn Zentimeter breiten Strichen, wie durch eine Fisch-, eine Aalreuse tuckernd, Vergleiche anstellen, welche Baustelle mich am längsten, nach Raum und Zeit, mit ihrer einengenden Gegenwart erfreute. Dann erreichten wir ...

... erreichten wir mitten in Thüringen, ganz hoch oben unter den deutschen Wolken, wie wir vermuteten, Weimar, den Ort, von dem wir vor Ewigkeiten in den so genannten „Alpaka-Westen" geflohen waren.
Hier sollten, wie wir hörten, wieder Deutschlands Dichter und Denker dichten und denken. Weimar wäre wieder Weimar, vom Scheitel bis zu den Hühneraugen.
Ungeduldig richteten wir uns darauf ein, eine herzerfrischende Prise aus der hehren Gedankenwelt unserer grandiosen Tennis- und Fußball-Cracks zu genießen. Wir brannten darauf, die köstlichen Paukenschläge unserer nach süperben Augenblicks-Supersternchen haschenden Musikindustriellen in unsere abgebrühten Ohren gepaukt zu bekommen.
Unsere Augen ließen überhastet ihre Blicke durch die Gegend schweifen, stießen im Hintergrund gegen einen grausigen Betonklotz auf einer ziemlichen Anhöhe grausigen Angedenkens, huschten nervös durch alle möglichen Gassen und Gässchen, über alle erdenklichen Plätze und Plätzchen, in Erwartung irgendwelchen Glitzerkrams, irgendwelcher Wetten-Orgien, des Höchsten vom Höchsten; es kam mir nur in den Sinn, weil ich neulich nicht weit vom Deutschen Eck mit ansah, wie einer unserer großen Glimmer-Pfauen die Gaffer mit der Frage mundtot machte, wann der Kanzler seine faulen Zähne ziehen lassen würde ... na ja, war ja nur eine Randbemerkung.
Weimar!
Gewiss ... vieles ging verschütt, ich gebe es zu. Vieles bedrohte auch heute noch in Schulen, mit oder ohne Weimar, Pisa verseuchte Kinderchen, nahm ihnen die kostbare Zeit, um miteinander per Handy zu kommunizieren und per Internet nutzbringend und kostengünstig einzukaufen, zum freundlichen Miterleben ihrer fähigen Eltern.
Schnell und endlich zurück nach Weimar!
Mal ehrlich eingestanden, kommt ja nicht alle Tage vor, ich, ein normal sterblicher Steuerzahler, erwartete, trotz purkapi-

talistischer Schulung, kein raffendes Geschiebe, kein anrempelndes Gehüpfe an den erlauchten Straßenrändern; ich war sicher, in diesem schwergewichtigen Ort einen Sack voller kulturhungriger Flöhe vorzufinden.

Mit angehaltenem Atem fuhren wir durch Weimar. Uns empfing wohltuender Lärm, machte uns klar, dass die heilige Stätte nicht ausgestorben war.

Eiswaffeln abschlabbernd, Bratwürste reinmampfend brachten tapfere Kulturkämpfer Nachschub für die wohlgefüllten Abfallbehälter, die an Laternen- und anderen Pfählen hingen.

Fotoapparate und Videokameras kletterten, meist in den Händen weiblicher und männlicher Japaner, auf die denkmalträchtigen Sockel und klickten wild um sich. Von oben sahen die beiden Herren des bronzenen Doppelstandbilds wie abwesend drüber weg – eine völlig unpassende Geste. Sie zählten wahrscheinlich die noch Unverzagten, die am Abend im nationalen Tempel hinter ihren Rücken rockpopten oder sich an einer erfreulich schmalzigen Gulaschoperette erfreuten.

Wir schlenderten durch Straßen, deren Häuser melancholisch und niedergeschlagen vor sich hin dösten und ergeben die Zeit über sich ergehen ließen. Aber man musste, wenn man vorgab, ein kundiger, von Kultur durchdrungener Staatsbürger zu sein, hinter diesen Mauern zumindest geschnüffelt haben.

Sofort knallte uns zentnerschwere Ernüchterung um die kleinbürgerlichen Ohren, dass es nur so schnackelte. So sollen die hier mal gewohnt haben? Was wusste man schon? Man hatte seit Generationen diesbezügliche Realitäten zugeschüttet, um für gehobene Weihen, rechts und links des Anstands, den fragwürdigen Blick frei zu bekommen.

Bei dem langen Dünnen, der nur in Wolken faulen Apfelgeruchs dichten konnte, wie da behauptet wurde, hatten sie das meiste, was mit Holzbeinen behaftet war, an die kahlen Wände gestellt. Nun gut. Viel war's nicht. Die müssen hier wie

Angeklagte vor einem imaginären Richter gesessen – beziehungsweise mehr gestanden – haben. Oder vielleicht hatte sie ein nicht imaginärer Gerichtsvollzieher heimgesucht. War ja möglich ...

Und paar Straßen weiter beim Beleibteren, na, sagen wir ruhig, beim Dicken, im Alter soll der 'ne ganz schöne Wampe gehabt haben, also bei dem, der mit der Nachbarin, da konnte man, wie beim langen Dünnen, auch nur vom Nebenhaus ins Museum, äh, in die allerheiligsten, privaten vier Wände gelangen. Als ich vor fünfzig Jahren ihn, den Dicken, einmal besuchte, schritt ich vorn durch die Haustür in den Flur, wie ich's bei allen andern Hausbesuchen auch zu tun pflegte. Und schon stand ich vor der breiten, fantastisch flachen Holztreppe. Da schwebte ich geradezu hinauf in die Arme des Genies, der mich im ersten Stock, sich ganz vertraulich an seine gewaltige Gipskopfgeliebte lehnend, schon sehnsüchtig erwartete. Das war was! Und jetzt? Na gut, schweben konnte ich auch jetzt noch die Holztreppe hinauf, aber nur, weil ich vorher die richtige Kurve gekratzt hatte.

Gut und schön, das hatten wir abgehakt. Wir abhakten auch den Besuch bei den beiden Großen in ihrem Mausoleum; wir taten es, nicht um ihren ewigen Schlaf nicht zu stören, wir taten es, weil meine Füße erstmals auf dieser Reise streikten, bis zur Gefühllosigkeit brannten.

Wir standen wieder draußen in der unter praller Sommersonne stocksteif und -trocken wabernden Thüringer Landluft. Noch immer die wohlschmeckenden Bratwürste, die schäumenden lauwarmen Biere, die lauten, ängstlichen AA-Rufe der kunstverständigen Kleinkinder, die nicht über den zweiten Gang hinauskommenden Taxis, die freundlich lächelnden preiswerte Unterhosen, Plastikkämme, Sonnenbrillen und Armbanduhren feilbietenden Asiaten aus Tschang Tschou oder Wu Ting Fu, die strengen Schweißdämpfe aus menschlichen Achsel- und anderen Höhlen, auch die strenger duftenden, dampfenden Pferdeäpfel in auffangenden ledernen Lätzen am Geschirr der Kutschwagen, würzten und schwängerten die Luft, vermischten sich mit dem säuerlichen Duft köstlich abgestandenen Rotweins.

Es kam keiner Flucht gleich, dass wir alsbald vor dem weltberühmten Gartenhaus standen.

Unter gewaltigen Bäumen im tiefen Gras lagerten Lagerbedürftige, lasen Gehaltvolles, Gehaltloses, durchblätterten Buntes und Fades, spielten mit Kind, Kegel und Hund, entspannten sich fast alle in gleicher Weise: Sie dehnten und streckten sich und dösten und dachten bestimmt nicht an den ehemaligen Gartenhausbesitzer drüben.

Eine junge Frau, eine Farbige, regte sich eifriger als die andern, belebte auffallend das idyllische Motiv. Ihr mädchenhafter Körper beugte sich mit sportiver Eleganz hier und da und kreuz und quer über dem leicht wogenden Gräsermeer, sah aus wie ein äsendes Reh, dann wie ein hoppelnder Dürerhase; sie pflückte Halme, Feldblumen, band sich einen Kranz und drückte ihn über ihr lockiges Köpfchen. Ich dachte sofort an ein glücklich täuschendes Klischee. Ganz klar.

Wir wandelten auch durch das Gartenhaus. Ich war erstaunt, wie dieser Goethe zwischen den aufgespannten Landkarten oder Stadtplänen, die zur Rastlosigkeit aufriefen, sich hier sitzend oder gar liegend entspannen konnte. Na, ging mich ja nichts an; es gab immer Leute, die lieber in einem Museum als in einer gemütlichen Klause hausten.

Eilig wieder zurück an den Pulsschlag dieser strapazierten Stadt.

Trauernd sahen uns wieder viele ehemals gut situierte Bürgerhäuser an. Ihre aristokratischen Fassaden, verdreckt, verstaubt, glichen verloschenen Physiognomien. Gardinenlose, trübe, von Spinnenschleiern überzogene Fenster, von denen manche zerbrochen waren, als hätten Menschen sie mit Ohrfeigen traktiert, sahen aus wie Gesichtslöcher in Totenschädeln.

Ich fragte naiv und ahnungslos, wer das getan hatte. Die Gefragten sahen mich ausdruckslos an und gingen um die nächste Ecke.
Wir stolperten weiter und standen bald vor unserm Auto. Schon fuhren wir; es ging bergan.

Die Straße quälte sich widerstrebend den Berg hinauf. Buschwerk drückte sich zerzaust gegen den Hang, Gestrüpp duckte sich ineinander verschlungen. Welche sahen aus wie Ertrinkende, welche wie Strauchdiebe. Bäume standen verwirrt, als hätten sie in düsterer Zeit Galgendienste geleistet. Alte eingefräste Fahrspuren kündeten noch immer von einer grausigen Vergangenheit.
Mit unbekümmerter Dreistigkeit drängten sich Einrichtungen an den glatten Asphalt, bereit, den Touristen alle erdenklichen Bequemlichkeiten zu bieten.
Auf dem kahlen Hügel verharrten noch die Reste des Grauens im regen Wind, der mit den gepeinigten Sandkörnern sein gleichgültiges Spiel trieb. Die gaffenden Betrachter erfreuten sich ihrer Gänsehaut.
Ganz hinten entdeckten wir noch die Bäume des Buchenwalds, wo, wie uns gesagt wurde, die greisen Kinder einer proletarischen Revolution ihre tödlichen Nachkriegsspielchen spielten.
Restlos geschlagen, fassungslos, ja, erniedrigt entfernten wir uns von der eingebrannten Schuld der Deutschen.
Wir stiegen wieder hinab in eine halbwegs heile Welt, fuhren, verändert, durch Weimar und sahen wieder die Menschen. Mir kam angesichts der Eisschlabbernden, Bratwurstmampfenden, dass nicht weit von hier entfernte Leipziger Allerlei in den Sinn. Der da eben neben uns stand und dann forsch weiterging, der mit der adretten karierten Jacke, na, schätze ihn ca. fünf Jahre älter als ich, hatte der etwas auf dem Kerbholz? Er ging so harmlos, so selbstverständlich. Hatte er

womöglich im KZ die Todgeweihten mit derselben Sprache, die auch ich spreche, niedergebrüllt?
Und die Alte da, sympathisch, schlicht, freundlich, zutraulich und mit schlohweißem Haar, konnte meine Tante sein oder gar meine Mutter, sie saß da so friedlich, so sittsam zufrieden, konnte bestimmt keiner Fliege etwas zu Leide tun, saß da auf der Bank und ließ ihr faltenreiches Runzelgesicht von den Sonnenstrahlen streicheln. Hatte sie nicht zu der überwiegenden Mehrheit der Scholz-Klink-Frauen gehört, die bis zum allerletzten Nazi-Atemzug heiße Tränen grenzenloser Liebe für ihren schnauzbärtigen Massen- und Selbstmörder vergossen?
Und drüben, die beiden strammen Jungs, so um die dreißig, dahinter der Dicke, glatt Mitte fünfzig, noch weiter weg die Frau, keine fünfundvierzig, mit dem Besserwisser-Blick ... dort ... und dort ... hatten sie nicht Spaß an der zweiten deutschen Diktatur? Und dicht daneben, die mit Schokolade verschmiertem Mund, Cola süffelnd, Koks koksend, aus dem Paradies auf der Sonnenseite, die von allem unberührt blieb.
Ich trat aufs Gaspedal. Und schneller fuhren wir.
Wie betäubt fuhren wir von dieser Stadt.
Da! Eine Silhouette! Halle! An der Saale hellem Strande!
Wir rauschten mit unserm „BMW kompakt" in die Stadt, immer wieder von Ampeln gestoppt und schoben dann weiter.
Lina sperrte ihr süßes Schnäuzchen auf! Zum ersten Mal kam sie in eine Großstadt! Die hatten hier ja auch Hunde! Die kläffte Lina begrüßend an!

Hier sangen sie noch immer ihr Lied vom „hellen Strande" und verzogen dabei säuerlich grienend ihre bisweilen heiteren Gesichter, schielten liebevoll hinüber nach den grünen Ufern des schwarzen Flusses. Sie sangen aus voller Kehle und überzeugend. Ich hörte sie deutlich. Und sie trieben ihre ureigenste Farbenlehre bis zum Knalleffekt; mitten auf dem

Marktplatz stand ein fast schwarzer Turm, den sie den „Roten" nannten. Früher machten sie mit Salz Kohle. Wer wusste da schon, was sie heute mit wem machten.
Sie sind seltsame Leute, dachte ich.
Brigitte, die Lina an der roten Leine führte, ging neben mir durch die Straßen, in der sie als Rundfunksprecherin tätig war. An ihren wie abwesend sehenden Augen sah ich, was sie dachte.
Und ich ging neben meiner Frau und starrte auf die Stadt, die einmal der Kreißsaal meiner zweiten Geburt gewesen war. Hier hatte ich gleich nach dem Krieg fünf Jahre lang gelebt, gelernt, studiert.
Schnell wurde uns jetzt beigebracht, was 50 Jahre seit jenen Meilensteinen bedeuteten.
Da drüben, in der Großen Ulrichstraße, für manche die Nebenstraße der Kleinen Ulrichstraße, einer engen, leichtmädchenhaften Gasse, was nur Insider wussten, da drüben war damals ein Kino. Unter dem Dachjuchee hauste ich. Das alte eingeklemmte Reihenhaus stand nicht mehr.
Früher ging es mit der Straßenbahn vom Marktplatz schräg hoch nach dem Bahnhof. Davor mündeten mehrere Straßen auf einen weiten Platz. Alles, durch die Stadtgeschichte geordnet, übersichtlich gewachsen. Jetzt ließen die Schlingpflanzen von Autozufahrtsstraßen, die freilich auch Lettern in Halles dickbändige Chronika sein würden, einem die Haare zu Berge stehen. Da fuhr ein Fremder, zu dem ich ja geworden war, gegen die bedingungslose Kapitulation.
Was hatten die Menschen hier, grob gesagt, zwischen Elbe und Oder, hinter sich. Hier lebten noch Leute, die das Fiasko von 1918, dann die zwölf grausigsten deutschen Jahre, dann den vierzigjährigen Krampf der nächsten Diktatur durchlitten hatten. Von solchen Traumata konnten die Menschen in München, Stuttgart, Köln, Düsseldorf, Bremen, Hamburg und Westberlin nicht einmal träumen.

Wir gingen die Leipziger Straße, jetzt halbwegs Fußgängerzone, hinunter. Die Straßenbahn, die hier die Häuserschlucht quietschend durchklingelte, war futsch und die Zone für Fußgänger an vielen Stellen noch eine Verlegenheit.
Wir wollten nach dem Marktplatz und gingen wieder an freundlichen Asiaten vorbei; sie boten auch hier Sonnenbrillen, Plastikkämme, Unterhosen und haufenweise Armbanduhren zum Verkauf an. Waren, die in ihrer Heimat auf Palmen, wie Datteln, wuchsen, wie uns geflüstert wurde.
Da! Der Leipziger Turm! An dem strich ich oft vorbei! Jetzt Stopp vor einer Ampel, die es hier früher nicht gab. Hier rauschte jetzt der Verkehr quer rüber in den Hansering. Das war neu, wie vieles. Früher gab's hier nur verschwiegene Seitenstraßen.
Jetzt sprang die Ampel auf Grün und schwupp, ging's rüber und runter in den zweiten Teil der Fußgängerzone. Die Leipziger Straße war lang und ich hatte wieder Probleme mit meinen Füßen. Hier gab es ein Straßencafé am andern. Wir tranken an einer Ecke einen Cappuccino, an der nächsten schlabberten wir Vanilleeis mit Schlagsahne und heißen Kirschen, schütten an der dritten Ecke köstlich schmeckendes Lokal-Pils hinterher.
Dann schwuppten wir mit vollen Mägen, träger werdend, und landeten auf dem Marktplatz.
Hier schob sich ein unübersichtliches Gedränge. Mir schien die Stadt um ein paar hunderttausend Einwohner gewachsen. Wir segelten nicht, wir trieben wie Slalom-Kanuten durch ein aufgeregtes Jahrmarktgetriebe.
In dem engen Geschiebe wurden Radieschen, Spargel, Bananen, Erdbeeren, Pflaumen, Kirschen, Äpfel, Blumenkohl und Weißkohl, Kohlrüben und Rote Bete, Eier und Käse, Brat-, Bock- und Blutwürste, alle möglichen Fleischfladen, Fleischklöße, Fleischwürfel, -rollen, -kugeln und -spieße und Schaschlik und Gulasch, auch wieder preiswerte Unterhosen, Plastikkämme, die unverzichtbaren, auch bei Platzregen, Hagel und

Sonnenfinsternis zu tragenden Sonnenbrillen, ja, auch die unvermeidlichen Armbanduhren, nicht nur von lieben Asiaten angeboten. In Buden mit Segeltuchdächern, unter Sonnenschirmen, sogar auf Decken, die sie auf das Pflaster gelegt hatten, verkauften sie ihre Waren.
Auch hier, für jeden Geschmack, Kaffee, unterschiedlicher Würze, auch geschmackloses Mineralwasser und solche mit irgendwelchen Geschmäckern, kaltenkaffeeähnliche Limonaden und alle möglichen Weine, weiße, rote, gelbe, undefinierbar gefärbte, wurden in sich Straßen-Café nennenden Straßen-Cafés angeboten.
Und über dem würzigen Ragout, in heißer, wabernder Luft ausharrend, stand, viel zu dick angezogen, Georg Friedrich, wie ein auf engem Eiland Gestrandeter, jetzt stolzer, selbstgefälliger Geretteter, der große Musiker, in imposanter Bronzehaltung, unter seiner gewaltigen Allongeperücke schwitzend, weithin wohl nach London schauend; er hatte keinen Blick für seine nachgeborenen krämergeizigen Landsleute und das Gewimmel der zufällig oder absichtlich Durch- und Zugereisten. Mir schien auch, er hatte sich mehr in die Mitte des Platzes gestellt. Früher, zu meiner Zeit, so glaubte ich, hielt er sich mehr hinten, nahe oder vor dem Rathaus auf. Aber so war's schon immer mit der Erinnerung: Da schob die eigene Fantasie, je entfernter sie vom gegenwärtigen Geschehen sich bewegte, desto häufiger Straßen über andere Straßen, ganze Häuserviertel unter ganz andere Stadtteile. Gegenstände lösten sich auf, Gebäude flogen in eine andere Stadt, Denkmäler, zu niedlicher Größe geschrumpft, hatten sich eine weit entfernte Ruhestätte ausgesucht, vor allem, wenn sie Standbilder besonders egozentrischer Persönlichkeiten waren, bildete ich mir ein.
Ich hatte ganz und gar den Eindruck, mein berühmter bronzemännlicher Hallenser stand da auf seinem hohen Sockel, für manchen auch vergessen, war sich seiner überflüssigen stand-

bildlichen Präsens durchaus bewusst und gedachte nur mit Widerwillen und Abscheu der beißenden Zwiebeln, des stinkenden Käses, der noch duftlosen Unterhosen, zeitgemäß tickenden Armbanduhren, übersenften Bratwürste und auch des urdeutschen Sauerkrauts da unter ihm auf den Ladentischen.

Wir wandten uns um, beinah weg und schritten erwartungsvoll den Hügel der Weisheit hinauf, wie die Fotoknipser in Athen nach der Akropolis, hin zu den Bastionen der Martin-Luther-Universität.

Meine Erinnerung gaukelte mir kolossale Hausblöcke vor. Ich suchte sie. Jetzt erschien mir das Geviert porös, wie aufgeweichte Pappe. Auch stilistisch Unpassendes, Stinkmodernes stand verschämt und gläsern in die Ecke gestellt dahinten irgendwie herum. Aber niederschmetternd haute mein letzter Blick alle Gefühle in den Keller. Die beiden zu meiner Studienzeit noch wohlgenährten Bronzelöwen links und rechts der breiten Steintreppe vor dem Hauptgebäude hatten gusseisern abgemagert.

Ich musste dringend meine Stimmung aufpäppeln.

In der kurvenreichen Hauptstraße stießen wir auf eine kleine Eisdiele, eingequetscht in die winklige Enge einer verstaubten Häuserzeile. Im Halbdunkel des Innenraums krümmten sich zwei undefinierbare Gestalten, sie konnten alles Mögliche sein ... Oh! Da ging meine Fantasie aber gehörig durch! Wir sahen nur ihre Rücken. Ihre langen Zungen glitten bedächtig genießend über hoch aufgetürmtes Waffeleis. Wir blieben draußen.

Dort standen zwei runde eiserne Café-Haus-Tischchen, mit je drei bequemen Drahtgeflecht-Sessel-Stühlen. Eingerahmt war das Plätzchen von einer zwei Meter hohen, im Drahtgeflecht hängenden, dicht beblätterten Efeuwand, hinter bzw. vor der alle paar Minuten und hautnah moderne Straßenbahnen vorbeiquietschten.

Wir fanden es gemütlich und setzten uns.

Es kam die ziemlich junge Eisverkäuferin, Studentin und Eisdielen-Pächterin in Personalunion, wie wir im lockeren Gespräch alsbald erfuhren.
Dann machten wir uns, erquickt und gelabt, auf den nächsten Trip unserer Erinnerungs-Metamorphose. Ein Taxifahrer, ein junger Bursche, unbelastet von den diversen schrecklichen deutschen Vergangenheiten, half uns, fuhr uns.
Wir fanden die Stätte, die meinen Eintritt in mein fünfzigjähriges Berufsleben erst möglich machte: die Hochschule für Theater und Musik.

Auf „Lehmanns Felsen" schlummerte das schlossähnliche Gebäude, vermutete ich vorahnend, stand vergessen, nah dem schon recht stattlichen Fluss, der aus dem Fichtelgebirge kommend sich nun durch diese Stadt schlängelte.
Vor der Nazi-Zeit war's eine Freimaurer-Loge, zwischen 1933 und 1945 wahrscheinlich irgendetwas unappetitliches Braunes, dann die Hochschule für Theater und Musik und jetzt ... Der Knick war hart, ich konnte es nicht fassen ... Das einst kräftige Mauerwandgelb war einem abgeblätterten, ins Graue gehenden, verblichenen Schwachgelb gewichen. Die Tür hatte man zugenagelt ... na gut, wollen nicht übertreiben ... hatte man abgeschlossen, verriegelt. Die Fenster waren teils mit Brettern verbarrikadiert, so hatte ich den Eindruck.
Ich sah nun genauer hin, die Fenster guckten wie Gangster mit Augenklappen, trüb und nachtragend. Ich bekam ernsthaft Hemmungen, meinen verbrauchten Atem Richtung Villa zu pusten; ein Kartenhaus könnte einstürzen.
Das martialische Verbotsschild der deutschen Verkehrsordnung, roter kreisrunder Ring auf weißem Feld, vor dem jeder ordentliche Bürger zurückschreckt, versperrte mir den Zutritt.
Ich machte instinktiv zwei Schritte seitwärts ... nein, nicht in die Büsche ... ich wollte in den zum Grundstück gehörenden Park, gleich nebenan; er war auch heute noch mit Bäumen

und Büschen prächtig ausstaffiert. Es ging nicht. Auch hier prangte, zwar schon ziemlich vergammelt, aber noch immer wie ein Zyklopenauge furchterregend drohend, der rote kreisrunde Ring auf weißem Feld.

Wütend schnaufte ich zurück zum Taxi, überhäufte vermeintliche Schuldige oder Säumige, deren am nächsten Liegende, auf Sesseln Klebende, die, wer sonst, Politiker waren, mit bitteren Vorwürfen. Ich verstieg mich zu der wahnwitzigen Vorstellung, dass einige der vielen Arbeitslosen hier ein reiches Betätigungsfeld finden würden, damit für junge Mütter mit ihren Bälgern, für alte hinfällige Leute, gekrümmt über ihren Krückstöcken hinkend, für mit Lust wandelnde Jedermänner hier eine Insel der Muskel-, Nerven- und Gemütsentspannung entstehen konnte. Ich war restlos bedient.

Noch lange krabbelten rebellisch pieksende Ameisen unter meiner Schädeldecke. Da kurvten wir schon weiter über vermeintlich altvertraute Landstraßen ...

Ein Haufen Umwege gab's, kreuz und quer durch einsame Dörfer. Da und auch dort wurde gebaut, repariert, notdürftig geflickt, säuberlich Mauerreste und zerfranste Balken von vorgestern in ausgediente Ecken abgestellt.

Viele Menschen sahen wir nicht, auch nicht wenige, mehr keine. Die Landstraßen waren durch kalte, kriegerische Einbrüche auf dem Stand des Dreißigjährigen Kriegs justiert worden. Auffallend war die eindeutige Menschenleere. Da hatte ich ganz andere Vorstellungen von „blühenden Landschaften", trotz einiger stinkmoderner Industrie-Gebilde, glitzernd, glänzend und prächtig bunt oder metallen kühl, mitten in die Gegend, zwischen die Ackerfurchen hingestellt.

Dann kamen wir an.

Ein roter Ziegelsteinklecks, ein bläulicher Schieferdachhaufen machte sich vor uns breit, mitten in der braungelbgrüngrauen Lehm-, Gestrüpp- und Ackerlandschaft.

Bernburg, auch an der Saale, im Anhaltinischen!

Hier wurde Brigitte geboren, ging hier zur Schule, lernte ihren Beruf und übte ihn am hiesigen Stadttheater aus. Hier wurden wir beide Kollegen und heirateten. Auch unsere beiden Kinder wurden hier geboren.
Der fünfzigjährige Zahn der Zeit zeigte auch diesem Städtchen seine beißende Wirkung. Da gab es Plätze, wo vorher keine Plätze waren, Sackgassen, die es zu unserer Zeit hier nicht gab. Wir verfuhren uns oft, kurvten zurück und herum und gelangten endlich an das gesuchte Ziel.
Dann standen wir vor Brigittes Geburtshaus.
Brigitte sah mit leeren Augen. Ich sorgte mich um sie. Das Gebäude, ein Reihenhaus am Ende einer Straße, die zur Sackgasse geworden war, mit frischem blassgrünen Putz überzogen, wirkte auf den ersten Blick wohltuend gepflegt. Es stand auch blitzblank da. Aber auf dem zweiten Blick vermisste ich, was an die gestaltende Hand meiner Schwiegermutter erinnerte. Meine liebe Wally starb schon vor vielen Jahren, hier bewohnten fremde Leute das Grundstück. Und sie waren die neuen Eigentümer.
Was mochte im Kopf meiner Brigitte vorgehen? Sie stand wortlos neben mir und lächelte.

Die neuen Leute waren angenehm, führten uns wie Galeriediener. Und wir bestaunten die geradlinig gezogenen Mohrrüben-Reihen, die vier Tomaten-Stauden und die sechs aufgehäuften Kartoffel-Busch-Linien.
Wir trennten uns mit netten hingelächelten Gesundheits-Wünschen.
Am Stadttheater lehnten wir uns verträumt gegen die Säulen des klassizistischen Portals, suchten, natürlich vergeblich, nach eigenen Fußspuren. Alle Türen waren verschlossen, kein Mensch ließ sich blicken, das Theater war wie ausgestorben, aber Plakate verrieten, dass hier demnächst „Jedermann" gespielt werden würde.
Wir sahen uns wortlos an und gingen.

Das massive Schloss der Askanier, derer, die seinerzeit vor dem Dreißigjährigen Krieg im Intrigentopf kräftig rumrührten, hart und hoch über dem noch immer schwarzen Fluss, vergaßen wir natürlich nicht.

Wir lungerten im Sand des weiträumigen Hofs herum; im Hintergrund ragte das Schloss mit seinem überdachten engen Treppenaufgang. Daneben klotzte der dicke Eulenspiegelturm. Hier war es mäuschenstill. Auch Lina schnüffelte gelangweilt im staubigen Sand.

Wir gingen durch die bedrückend schmale Toreinfahrt auf die holprige Straße, wo wir zwischen tief gegrabenen Fahrspuren unser Auto geparkt hatten.

Dabei passierten wir den Bärenzwinger, der schon seit Jahrzehnten verwaist und verwahrlost ein trostloses und zugleich romantisches Bild bot.

Hier geschah kurz nach dem Zweiten Weltkrieg eine unglaubliche Geschichte, die die legendenhaften Eulenspiegeleien dieser Stadt bei weitem übertraf:

Ein Rotarmist, vom siegreichen Wodkadunst umnebelt, kletterte über die Gitter des Zwingers, in dem damals noch ein ausgewachsener, kraftstrotzender Braunbär seine lebenslange Haftstrafe absaß. Der Bursche, womöglich aus Moskau oder in Sibirien aufgewachsen, stellte sich in wankender, aber weltmeisterlicher Box-Pose zum Kampf. Meister Petz hielt den taumelnden Moskowiter für eine Sonderration; es waren ja karge Zeiten, auch für einen Bären. Der Kampf war kurz. Und oben auf der Mauer setzten zwei kläffende Kalaschnikows den tödlichen Schlusspunkt, worauf der Koloss im dicken Pelz sich auf seinen zermatschten Herausforderer zur ewigen Ruhe streckten.

Wir aber stiegen in unsern kompakten BMW und sahen uns nicht mehr um, fuhren schon bald außerhalb dieser Stadt ...

Wir fuhren durch Lehm. Die Landstraße quälte sich, wühlte sich durch Lehm. Die Bäume, meist Apfelbäume, die am Straßenrand Spalier standen, waren mit Lehm verschmiert, die Büsche, die auf den kahlen Feldern herumstanden, hatten mit Lehm befleckte Blätter. Mir schien auch der Himmel mit Lehm statt mit Wolken vollgekleckert.

Dunkles richtete sich weit und breit vor uns auf. Es waren Häuser.

Die Stadt am großen mitteldeutschen Strom beeindruckte mich schon in meiner Kindheit mächtig. Magdeburg war mir schon immer eine Reise wert; dort wohnten bis 1943 Onkel und Tante. Der Krieg brachte sie um.

Und jetzt?

Ich ahnte, dass auch Magdeburg, übersät mit den typischen Narben aller deutschen Großstädte, den Kainsmalen deutschen Größenwahns, als östlich vom Eisernen Vorhang gelegener Ort zusätzlich von brutaler vierzigjähriger Unfähigkeit verschandelt und anschließend von barbarischen Wildwest-Cowboys über den Tisch gezogen, ziemlich demoliert, mir einen trostlosen Anblick bieten würde.

Beklommen sah ich um mich, fuhr ich auf der Einfallstraße der Vororte. Hier und da lag, wie vergessen und nicht weggeräumt, geschichtetes Gerümpel, wo einmal ein Haus stand. Wie eine Zahnlücke im alternden Gebiss erschien mir in einer zwar nach neuzeitlichem Geschmack, aber mit farblosem Anstrich gebauten Häuserzeile eine kahle Stelle. Die Konturen eines Hauses zeichneten Zementreste am Nachbargebäude und verrieten, dass hier durchaus säuberlich aufgeräumt worden war, dass aber auch nach dem Beseitigen der ruinösen Mauern, der angerichteten Trümmer die Arbeit getan war, weil interessierte Leute und vor allem Geld fehlten.

Vorschnell und oberflächlich fiel es mir wie Schuppen von den Augen. Ich wurde bös:

„Nach dem Fiasko von '45 war's versteckte Wut, war's verdrängte Scham, war's, am besten zu ertragen, ein unabänderliches Schicksal. Dann machten sie sich auf, vergaßen dabei überraschend schnell und kehrten der real existierenden Vergangenheit den Rücken. Sie kehrten resolut, auch gründlich ihre ohnehin geringen Schuldgefühle unter den funkelnagelneuen, von den Siegern schlitzohrig ausgebreiteten Teppich, breiteten, oben auf den neureichen Perserborsten, ihr erlittenes folgenschweres Leid als Fremdursache aus."
Mich ritt der unbeherrschte Teufel. Meine Bosheit wurde zynisch:
„Sie labten sich wie Ausgehungerte an den scharf gewürzten Früchten der Schlinggewächse, die im Schatten beiderseits des Eisernen Vorhangs sprießten. Dann ‚wendete' sich, ganz unerwartet, ganz unvorbereitet das Blatt. Sie wurden recht unsanft aus ihrem Dornröschenschlaf gerissen, hatten sich während eines halben Jahrhunderts so schön auf beiden Seiten angepasst und nun das. Nun rieben sie schlaftrunken und leicht unwirsch ihre gegensätzlichen Augen, hielten kurz inne, vergaßen, als fähige Angepasste, Gewesenes ein für alle Mal und trollten sich in toller Heiterkeit zwischen eine ausgelassene, ehrliche Minderheit."
Ich wälze mich, von wolllüstigen Schmerzen gepeinigt, auf Satans glühender Stahlmatratze. Ich stand vor der Selbstvernichtung, steckte jeden Kokser in die Tasche.
„Es kam ein Tag, der allen andern fast aufs Haar glich, nur war es um sie wolkenverhangener gewordenen. Sie kratzten sich ihre kleinen Hinterköpfe und schielten auf ihre Kontoauszüge, pflichtbewusst als überaus korrekte Bürger. Oh! Rote Zahlen! Sie hoben ihre wolkenverhangenen Augen in die gütigen Himmel und suchten einen Ausweg aus ihrer so ganz und gar ungewohnten Zukunft."
Durchgeschmort kroch ich aus einem Höllenrachen, schüttelte mich aufgeschreckt, riss die Augen auf und trat aufs

Bremspedal; die Ampel stand auf Rot. Verflucht, man sollte beim Autofahren nicht träumen, schon gar nicht albträumen, dachte ich reumütig.

Wir fuhren durch ausgesprochen „werktätige" Vororte. Staub bedeckte, graue Farblosigkeit wechselte mit knalligen Plakaten, die den unvergleichlichen Geschmack einer kaffeeähnlichen Limonade und gewisser nach einer deutschen Großstadt benannten, aber amerikanisch ausgesprochenen Mammutbrötchen priesen.

Wir gerieten auf die rechte Flussseite. Oder täuschte ich mich? Fuhren wir von vornherein auf dieser Seite? Ich fand mich nicht zurecht. Großzügige Autostraßen verbanden die beiden durch den Fluss getrennten Stadtteile. Hier war die Gegend verlassen. Auch hier standen früher Häuser; davon war ich überzeugt.

Wir vertraten uns auf einer weiten Rasenfläche die Beine. Schrebergärten und kleine offensichtlich öffentliche Einrichtungen, Gebäude, Häuschen oder Schuppen städtischer Betriebe, umgaben uns. Der schmale Asphaltweg schien mir nach nirgendwo zu führen, nutzlos zu sein, schlängelte sich dicht am Fluss vorbei. Früher mussten hier Häuser, Straßen, Stadtviertel gestanden haben, mehr und mehr wurde das meine Überzeugung. Da drüben! Es war, wo jetzt Luft und freie Sicht nach der anderen Elbseite das Panorama beherrschten, ein protziger Bau, vor dem ich als Arbeitsdienstler im Krieg auf Posten stand. Irgendwo hier müsste er sich damals breit gemacht haben. Der Klotz wurde wahrscheinlich weggesprengt, wurde geschleift und nichts erinnerte mehr an ihn, so schätzte, spekulierte ich.

Drüben, auf der anderen Stromseite ruhte fest in seinen uralten Fundamenten, alle unseligen Zeiten überdauernd, der frühgotische Dom Ottos des Großen, der dort unter den Steinen seiner Grabstätte seinen ewigen Schlaf schlief.

Wir fuhren auf die linke Seite des Flusses und suchten das Hotel. Auf der breiten mehrspurigen Autostraße ging es von der Brücke hinein in ein verwirrendes Gekreuze mehrerer ungewöhnlich weit geschwungener Asphaltbahnen. Ich fühlte mich in eine US-Großstadt versetzt, glaubte, durch Moskaus Prospekte zu jagen.

Nun mal langsam, ja! Ich hatte während meines Rumkurvens ziemlich überreagiert, eine alte Schwäche von mir, tut mir Leid, allein ich bleibe bei meiner, haha, ich BLIEB bei meiner Meinung, dass hier viel Neues im Vergleich zum Alten eine Nummer zu groß auf die Gegenwart draufgepappt wurde, dass man da und dort, weil ein augenblickliches Interesse bestand, eine öffentliche Notwendigkeit drängte, Engpässe überbrückt werden mussten, großzügig gedacht werden sollte oder musste, gleich jetzt für die übernächste Zukunft gebaut werden musste oder sollte oder konnte, weil die nächste Zukunft noch die halbtriste Gegenwart war.

Und das begriff ich, leuchtete mir ein.

Wir fanden das Hotel!

Ein bisschen rat- und sprachlos standen wir vor dem kolossalen Klotz, dem architektonischen Ungeheuer.

Aber das störte uns weiter nicht; wir wollten uns hier nur kurz aufhalten, wollten morgen hinaus auf die Autobahn, gemäß unserm selbst gestellten Reiseauftrag. Hauptsache war, die Betten versprachen eine angenehme Nacht.

Ziellos schlenderten wir über den Bürgersteig des großräumigen Boulevards vor dem Hotel, nur diktiert von der knappen Zeit, die wir uns gaben.

Am Straßenrand entdeckten wir ein Schild; auf dem stand „Otto von Guericke".

Der Mann war hier einmal Bürgermeister gewesen, schon lange her, im 17. Jahrhundert. Er erfand die Luftpumpe und noch einiges mehr. Berühmt wurde er durch zwei leer gepumpte hohle Metall-Halbkugeln, die ein Haufen Ackergäule, schwere Belgier, nicht auseinanderziehen konnte. Auf den Bürgersteigen, quergestellte Fußballtore hätten genügend Platz, gingen nur wenig Leute, meistens schien's hier ausgestorben wie auf einem ausgestorbenen Friedhof zu sein. Die Straße war um die hundert Meter breit. Kleinere, intime Geschäfte, konsumfreudige Kunden anlockende Schaufenster gab es weit und breit so gut wie gar nicht. Nur Büros, keine Restaurants, geduckt, kaum auffallend Verschiedenes, weder Fisch noch Fleisch. Nach hundert Metern entdeckten wir die geöffnete Ladentür einer kioskgroßen, Zeitungen, Ansichtskarten, Tabakwaren und kinderspielzeugähnlichen Krimskrams anbietende Boutique. Drüben fiel uns, als einziger Farbklecks, ein En-gros-Spielwaren-Großhandel-Geschäft auf.

Auf den Fahrbahnen rauschten die Autos beiderseits rauf oder runter, je nach Blickwinkel. Und in der Mitte bimmelte die Straßenbahn, auch rauf oder runter, je nach Blickwinkel des Blickenden.

Wir marschierten über den Zebrastreifen auf die andere Straßenseite, schlängelten uns zwischen zwei Häuserblocks durch und gelangten auf den Breiten Weg.

Für uns Dörfler, in meiner Kindheit, war der Breite Weg die legendäre Hauptstraße Magdeburgs gewesen. Daneben gab es für uns nichts. Damals tippelte ich kleiner Steppke an der Hand von Großmutter oder Tante, die hier mit dem Onkel wohnte, an den für mich überdimensionalen Schaufenstern vorbei und bestaunte die wunderbarsten Dinge, die hinter den Glasscheiben, für mich unerreichbar, auf glitzerndem Papier und bunter Pappe ausgelegt waren.

Alles vorbei! Für mich war's hier eine tote Stadt!

Hier war's wie auf der Otto-von-Guericke-Straße.

Wir hielten bedrückt inne. Uns verging die Lust, neugierig herumzuhampeln. Wir standen auf den Steinen des Bürger-

steigs und spürten unsere alten Waden. Unsere Augen suchten noch nach einem belebenden Pünktchen.
Drüben, auf der anderen Straßenseite klaffte eine breite Lücke in der leblosen Häuserzeile. Ein mannshoher Maschendrahtzaun versperrte das sandige Gelände. Auf dem einrädrige Handkarren zum Transportieren von Zement und Mauersteinen war ein Haufen zementverschmierter Bretter für Baugerüste, Schaufeln, lange Holzleitern und andere Handwerks-Geräte abgestellt.
In einiger Entfernung blähte sich Unförmiges auf. Es sah aus wie ein überdimensionaler blauweißer Haufen, den Turteltauben aus ihren gefederten Hinterteilen zu flutschen pflegten. Oben drüber lugten scheu und schüchtern die kurzen Turmspitzen des Doms hervor. Wir rieten vergeblich, was das dahinten sein sollte. Meine geplagten Füße verbaten mir, näher ran zu gehen.
Es kam einer, der fixierte uns und blieb stehen.
„Da müssen Sie da lang gehen. Na, an die zweihundert Meter. Da werden Sie staunen. Da sieht's anders aus."
Er ging um die Ecke.
Wir verkrümelten uns, ich humpelnd, verschwanden im großartigen Portal des Hotels.

Auf den neuen Autobahnen in den neuen Bundesländern ging es mit dem neuen „BMW kompakt" wie geschmiert.
Heia! Ich drückte auf die Tube! Der Tacho kaboltze in unsittliche Höhen! Keine Polizei vor und hinter mir! Wer war ich denn! Ich pfiff auf meine Unreife!
Wir schossen der Bundeshauptstadt entgegen! „Berlin – Wir kommen!"
Hatten wir bis jetzt unsere Gefühle und Stimmungen mit sturer Regelmäßigkeit durch den Wolf gedreht und ein ziemlich grobkörniges Ragout, unverfänglich ausgedrückt, produziert, so geriet unsere Begeisterung außer Rand und Band.
Wir gossen zu schwungvoll den Sekt ins Glas, der Schaumwein perlte hoch, schäumte über den Rand und kleckerte auf

meine Weste; ich drosselte kleinlaut meinen Übermut, wusste ich doch, dass wir höchstens eine Woche bleiben wollten, das ganze Sündenbabel und alle bizarren Neuerungen unter unsere naseweise Lupe zu nehmen.
Wir kamen vom Süden herauf, surrten an von Kiefern und Äckern eingerahmten Ausläufern des aus Dörfern bestehenden Kolosses vorbei, trieben uns eine kleine Ewigkeit am östlichen Rand herum und bezogen unser Quartier in einer Pension, die alle unsere Wünsche bis zum letzten Rülpser sättigte.

Es wurde Abend.
Es kam die Nacht. Wir streckten auf den angenehmen Betten unsere Knochen. Und ich alberte in übermütigen Träumen mit einem Segelflugzeug durch, über und um das Brandenburger Tor, schlingerte in Spiralen an der Siegessäule hoch und runter und landete mitten auf dem grünen Rasen des wie aus dem Ei gepellten Olympia-Stadions.
Am nächsten Morgen warfen wir uns in die erstbeste S-Bahn und zwitscherten ab in den Schlund des Molochs.
Wir veranstalteten eine regelrechte Prozession. Vorn, zwar humpelnd, stolzierte ich. Links neben mir, an roter Leine, trippelte Lina. Zuweilen schnüffelte sie, hundgerecht, an Bordsteinen, Laternenpfählen, dünnen Birkenstämmen, Lindenbäumchen, Büschen und Hecken. Rechts stocherte und stampfte ich mit meinem neuen Krückstock; ich hatte ihn vor Minuten in einem Antiquitätenladen erstanden. Sein messinggoldener, windhundkopfähnlicher Griff machte mich, nach meiner Einbildung, zum nicht an Fettmangel leidenden Großagrarier. Brigitte wankte leicht, Lina hechelte mir nach, weil ich ein gehöriges Tempo vorlegte.
Unser Ziel war der ehemalige DDR-Fernsehturm.

Als wir vor dem Eingang zu der waghalsigen Konstruktion anhielten, kurzatmig verschnauften und unsere Köpfe nach oben reckten, während Lina am Hintern eines Dackels enttäuscht hündische Kontaktverweigerung erschnüffelte, verschlug es uns die Sprache. Das massige Betonding, nach oben sich stark verjüngend, kitzelte die Wolken. Mein Gott, das haute den stärksten Seemann um! Wenn das Ding jetzt umkippte ... Ja! Es kippte! Schwankte schon! Durchgeatmet! Schnell durchgeatmet! Wir hatten uns optisch täuschen lassen! Durch die drüberwegziehenden Wolken! Die Wolken bewegten sich! Nicht der Turm! Noch einmal, mit nachlassendem Flattern des Atems, schielten wir nach oben, vergewisserten uns, dass tatsächlich die Wolken weitergezogen waren und stolperten durch die breite Öffnung im Erdgeschoss.

An der Kasse zückte ich mein Portemonnaie und stellte mich in die Schlange. Brigitte kurzweilte sich vor Plakaten, Lina döste weltentrückt neben meinem linken Schuh.

Aus dem mürrischen Mund der dicken Frau hinter der Glasscheibe kam etwas angeflogen und traf mich ganz unvorbereitet gegen den Latz: „Hund nicht! Verboten!"

Es murmelte noch zwei, drei Worte, die ich weder verstand noch begriff, dann erstarb es und wandte sich gelangweilt dem nächsten Kunden zu, warf mir, völlig ausdruckslos, einen DDR-staatsanwältischen Blick gegen meinen Delinquentenschädel, tat es noch nicht einmal abschätzend und hatte meinen Sachverhalt längst vergessen.

Ich stand, vom Donner gerührt, mit pochendem Brummen hinter meinen Schläfen noch Wimpernschläge neben der Schlange und versuchte, den unappetitlichen Brocken zu verdauen.

Ich merkte gar nicht, wie es geschah, schon standen wir draußen vor der Tür, die sich für uns jäh vom Eingang zum Ausgang gewandelt hatte. Ich ritt auf ungezügelter Wut, wie die Cowboys auf ihren um sich tretenden Rodeo-Ochsen, steckte Brigitte an, die, wie vom Souffleur vorgeplappert, mir eifrig nachplapperte. Und auch Lina pflichtete uns uneinsichtig beleidigt bei; sie kläffte, was das Zeug hielt.

So schäumten wir von dannen.
Schon nach hundert Metern aber spürte ich schnell auflodernde, heftiges Brennen in meinen alten Füßen. Meine prall aufgeblähten Sturmsegel strichen in sich zusammen, Windstille umgab mich. Oder: Mein Kartenhaus zerflatterte in 32 Skatblätter. Oder: Das Spiel mit den Dominosteinen ... was wusste ich noch, um einen zahmen Übergang zu finden ...
Meine beiden Damen, die hinter mir trippelten, lächelten süßsauer, bedauerten mich mit geheucheltem Mitleid und schnatterten munter drauflos, wobei Lina, hündisch dreist, schadenfroh und wie nicht anders zu erwarten, sich besondere durch abgefeimtes Winseln, Hecheln und Kläffen hervortat.
Ich spürte den Spott im Nacken, täuschte als trotzige Gegenwehr jugendlichen Elan vor und musste umgehend für meine verlogene Unbedachtheit – oder besser, unbedachte Verlogenheit – büßen. Mit mächtigen Schritten hatte ich ausgeholt, um die beiden Feixenden mit schnellem Gehen zu bestrafen; sie mussten, weil sie kürzere Beine hatten, laufen. Es bekam mir schlecht, verzweifelt suchte ich eine Bank.
Wo war hier eine Bank! Hilfe! Meine Füße! Ich spürte meine Füße nicht mehr! Meine armen, alten Füße brannten unerträglich wie Feuer! Ich hatte kein Gefühl mehr in meinen Füßen! Mühsam kroch ich, schleppte ich meine Füße, die nur noch lose an meinen Beinen hingen, hinter mir her!
Ah! Da! Da hinten! Ah, da ganz weit hinten, noch ewigkeitsferne fünfzig Meter, stand eine Bank! Bänke standen da! Da standen Bänke, im Abstand von zwanzig, dreißig Metern, standen da in langer Reihe! Und hinter den Bänken standen die Banken, nicht immer, aber öfter ... Stopp! Gehörte nicht hierher! Falscher Zeitpunkt, ob Banken hinter Bänken ...
Ich suchte eine Bank, eine der vielen Bänke!
Endlich! Wir erreichten die Bänke vor den ... äh ... auf den berühmten „Unter den Linden"!

Wuff! Klatsch! Oh, Schmerz, lass nach!
Der Schlag mit dem Hosenboden auf die Holzlatten der Bank hatte die Wucht des Aufpralls gegen eine Glaswand beim Hundert-Meter-Lauf und war doch nur ein erlösendes Hinsacken auf die Planken dieser Bank. Ich saß! Daran war Gott sei Dank nicht mehr zu rütteln! Oh, ich saß!
Und viele Menschen völkerwanderten vorbei.
Die mickrigen Lindenstängel mit ihren staubgesättigten, fastgrünen Bubiköpfen und kläglich an den Rand gedrängt gingen im Menschengetümmel förmlich unter. Doch da setzten sich fremde Leute neben mich auf die Bank, während Brigitte mit unserer Lina, weil sie gemächlicher hinterher hinkte, noch mindestens elf Schritte bewältigen musste.
Wir schleppten uns ... will sagen, meine Lieben schleppten sich mit mir weiter. Brigitte, jetzt immer mit Lina an der Leine, war nun auch ihr spöttisches Lächeln vergangen, konnte ich doch mit dem fülligen Gewicht eines großväterlichen Langsamgehers aufwarten.
Endlich hatten wir, mit Hilfe einiger meiner kurzen rotierenden Ellenbogen-Schups-Rempler, eine Bank für uns erobert und verteidigten nun, ich mit Zähnefletschen vertretenden Blicken, Brigitte mit erbarmungswürdigem Asthmastöhnen und Lina mit mordgierigem Löwengebrüll im Mickymaus-Format, unsere Bank-Bastion.
Hin und her rauschten und mieften die Menschenklumpen an uns vorbei. Unsere vor Erschöpfung gesenkten Blicke nahmen nur die kommenundgehenden, scharrendenschleifenden, schlurfendenraschelnden, zuweilen auch hüpfendenstelzenden, vielfältig bunt beschuhten Füße wahr.
Entstand alle fünf Minuten eine Lücke, fiel sofort eine dreißigköpfige Sperlingsgroßfamilie ein, machte sich dicht vor unsern Beinen dreist breit und pickte futterneidisch herumflatternd die Brotkrümel, Wurstpellenreste, matschigen Eiswaffel-Bruchstücke auf, fallen gelassen von völkerwandern-

den Japanern, Kanadiern, USA-lern, Resteuropäern, auch Russen und, last but not least, von zahlreichen eigenen Landsleuten. Da zwickte mich mein unruhiger Wellness-Teufel leichtsinnigerweise, der immer aus seinem künstlichen Koma erwacht, wenn ich mich von meiner Haustür entferne, jagte mich jetzt von meiner Schmerzlinderung verheißenden Bank und trieb mich wie ein Wellenbrecher gegen den reißenden Menschenstrom, Richtung Brandenburger Tor.
Hastig warf ich Bruchstücke meines bescheidenen Wortschatzes über die linke Schulter nach hinten: „Komm' gleich wieder! Mach' paar Fotos!"
Brigitte nickte.
Lina sagte: „Kläffkläff!"
Ich stürmte los, machte dabei den Apparat zum Klicken fertig und schaffte nach den ersten beiden fünf müde Schritte. Meine Zehen und Fußsohlen, meine Hacken und Fesseln rebellierten sofort. Ich tapste noch vier Schritte weiter, blieb dann ein beachtliches Stück vor dem Brandenburger Tor stehen. Dieser vorzeitige Stillstand gebar überwältigende Folgen! Dort stand das berühmte preußische Tor, durch das so viel deutscher Wahnsinn marschiert war, um das heute ein Heer heiterer Menschen aus aller Welt flanierte. Hundert Meter entfernt verzagte ich und grollte über die Gebrechen meines doch schon hohen Alters, immerhin schließe ich in Kürze mein achtzigstes Jahr ab. Mein in sich gekehrtes Stillstehen, hier in der wogenden Menge, packte mich nur wenige Sekunden, aber dafür intensiv. Mich rüttelte ein blitzender Gedanke wach.
Ich dachte an Hermann Hesse. Vor Tagen las ich in seinen Altersbetrachtungen Gedichte und kurze prosaische Würfe unter dem Titel „Mit der Reife wird man immer jünger". Meine Bewunderung, die mit der Beherzigung einherging, führte mich sacht zurück.

Noch ein bisschen zerknirscht, weil ich aufgeben musste, machte ich kehrt. Dauernd hatte ich jetzt menschliche Hinterköpfe vor mir, weil ich nur langsam schlich. Auf den querlaufenden Straßenpassagen, die die junge Lindenflucht immer wieder durchbrachen, quälte sich ampelbehindert ein nicht enden wollender Autostrom.
Mit lädierten Nerven erreichte ich wieder die Bank mit meinen beiden Damen, die mit kritisch zusammengekniffenen Augen meinen Zustand zu erforschen suchten.
Zwar saß ich jämmerlich zusammengesunken auf der Bank, aber noch gab ich nicht auf, noch wollte ich diesen gewaltigen Steinklotz wie ein Pfadfinder durchstöbern.

Mit verbissener Energie ging's hin nach dem Potsdamer Platz! Aber ich musste zur Kenntnis nehmen, ich musste weitaus ältere Menschen an mir vorbeiziehen lassen ... Da! Die kleine, dürre Oma! Wenn die nicht neunzig war ...
Ich musste schlucken und dachte schnell an Hermann Hesse. Es kam, was kommen musste. Bald streikten wieder meine Füße. Hingen wie Fremdkörper an meinen Beinen. Verbissen ging ich, Brigitte und Lina getreulich im Gefolge. Da sah ich sie! Keine zweihundert Meter entfernt! Die bizarren Spitzen und Zacken! Die verrückten Kurven und Bögen! Die schwindelerregenden Schrägen! Die kühnen Steilen! Die glitzernden Gläsernen!
Mit sprichwörtlich offenem Mund näherten wir drei uns den phänomenalen Gebilden. Wir standen, abgesehen von Lina, mit gleicher Sprachlosigkeit. Ich begann, mich mit dem imposanten Anblick anzufreunden und bedauerte, nicht 2050 erleben zu können, weil's dann ein ganz gewöhnlicher Anblick sein würde.
Hach! Schon wieder! Nein! Diesmal waren es nicht die Füße! Die Füße waren es ja immer! Diesmal war's die Blase! Ja, ja! Die Blase war's! Ganz und gar! Und ich vergaß die Füße!

Wir hatten uns gewisse feuchte Zwischenstationen erlaubt, wie man sie sich immer erlaubt, wenn man sich auf Urlaubstrips die Zeit vertreibt. So manches hatten wir getrunken, war nicht unsere Schuld, es gab zu viele Kneipen in diesem Riesenkaff, und jetzt hatte ich den Salat.
Ich begann, ohne es zu merken, mit leichtem Trab, der sich galoppierend steigerte, während meine Augen selbstständig, ohne Aufforderung nach zivilisatorischen Einrichtungen sanitären Charakters Ausschau hielten. Das ging ganz flott; meine Augen hatten zu tun, ansonsten lief ich ohne Füße.
Ah, da drüben! Gleich rechts von mir! Gott sei Dank! Da musste doch ... Da war eine S- oder U-Bahn-Station, die eigentlich doch ... beziehungsweise ... Ich kannte mich in Berlin nicht aus ... Die werden wohl ... Die müssen doch ... Die haben bestimmt ... Oh, meine Blase! Meine arme Blase! Verflucht! Die hatten nicht! Rein gar nichts hatten die! Oder doch?
Am Absperrgitter eines Baugeländes vorbei! Da, endlich! Nein! Doch nicht! Aber da! Die Rolltreppe runter! Ja, gleich, gleich, gleich! Nein! Rolltreppe rauf! Wieder Rolltreppe runter! Oder war's gar keine Rolltreppe? Eine Treppe war's auf jeden Fall! Zehn Schritte, nein, fünfzehn! Jetzt nur noch vierzehn Schritte durch einen dunklen Tunnelgang! Doch wo? Ach, da! Nein, da! Nein, wo denn? Wo denn bloß! Noch mal zehn Schritte nach links! Da auch nicht! Jetzt Spitzkehre! Oh, Hölle! Wieder zurück! Steintreppe noch tiefer, nicht höher, tiefer, viel tiefer! Nichts! Nichts! Überall nichts! Oh, meine Blase! Noch tiefer, noch tiefer und ... kein WC!
Ah! Nein! Nirgends! Nicht hier! Nicht dort! Jetzt fühlte ich mich wie ein Abgesoffener nach einem Schiffsuntergang! Ich strampelte breitbeinig hoch! Glucksend! Und höher! Höher! Die Blase hing wie ein vollgepumpter Luftballon! Hing prall bis zum Rand! Hing schaukelnd zwischen meinen Schenkeln!

Noch einmal höher! Ah! Frische Luft! Ich sog frische Luft! Saugend wie ein Säugling! Ah, ich war nicht ertrunken! Kniff tapfer die Blase zu!
Und ich trabte noch! Ich trabte mit fußlosen Beinen! Es war mehr ein Trippeln! Wenn Kleinkinder „Pipi!" rufen und mit ihren Beinchen auf der Stelle trippeln, so trippelte ich, war nicht mehr im Stande, zu traben.
Ich sah während der ganzen qualvollen Zeit nicht, ob Brigitte und Lina mir nachgelaufen waren, sah sie jetzt wieder, hinter mir trippelnd. Aber qualvoll war die Zeit noch immer.
Da sah ich ein Lokal! Nein! Viele Lokale! Ich sah viele Lokale! Auf einem platzähnlichen Platz! Die mussten doch die gewissen Nebenräume haben! Wo getrunken wurde, wurde auch gesoffen, die Folgen waren absehbar! Auch für meine Blase mussten sie ... mussten sie eine Erleichterung installiert ... verdammt ... mussten sie doch so ein verdammtes Becken für meine Blase haben ...
Ich kroch nur noch, nein, raste wie eine Weinbergschnecke ... Rein ins Lokal!
Ich prallte gegen ein Wand von Menschen! Oweia! Wollten die alle wie ich? Unsinn, die dachten vorerst nur ans Trinken! Oh, da stieß mich einer! Vorsicht! Beinah schwappte meine Blase über! Huch, ging gerade noch mal gut! Keinen Tropfen verloren! Aber, mein Gott, wo ... Hier war ja alles proppenvoll! Hier ... zurück ... vor ... ah, da! Ein freier Tisch! Sensation in dieser versoffenen Alltäglichkeit! Lina stürzte hin, saß schon auf dem Stuhl ... Auch Brigitte hatte es geschafft ... Ich keuchte hinterher ... peinlich bedacht, dass die Blase nicht überschwappte ... Wir hatten einen Tisch! Bitti klammerte sich fest, bestellte Limonade und Bier ... Ich kroch vorbei ... taumelte zwischen den Tischen davon ... hin nach der Wand mit mehreren Türen ... An ihnen leuchteten die erlösenden Schilder ... Lina, von Brigitte an der Leine gehalten, kläffte mir nach ...

Einsam, nein, nicht einsam, da standen vier, fünf Ebenfalls-geplagte neben mir, und doch stand ich einsam, nur von Kacheln umgeben, stand ich an meinem selig machenden Becken und ließ laufen, ließ laufen, betrachtete erlösend den fließenden Strom.
Aber Tücke des Objekts! Vermaledeite Konsequenz! Mit dem Nachlassen der Blasenschmerzen und schließlich mit ihrem gänzlichen Verschwinden drängte sich wieder die Pein meiner Füße vor. Trotzdem wankte ich erleichtert in den Menschenknäuel zurück, hin zu meinen beiden Lieben.
Aber meine Füße, deren Schmerzen langsam schwanden, weil ich saß, fühlten sich an, als hätten sie sich selbst durchgetreten. Entsprechend lahm wurde auch mein Gemüt und in seinem Gefolge mein bisschen Verstand.
Brigitte bestellte ein Taxi. Wir fuhren in die Pension zurück.

Still verbrachten wir den Abend, es war eine demütige Stille.
Wir gingen zu Bett, in der vagen Hoffnung, am andern Morgen leidlich munter wieder aufzustehen.
Es kam der andere, der nächste Tag.
Ich sah mit trüben Augen und erkannte nicht den Sonnenschein, der um mich war.
Im tiefen Grau schwelte meine Stimmung.
Mir ging der Atem aus, als ich an gestern dachte. Ich war restlos bedient. Irgendwelche Spekulationen auf irgendwelche Unternehmungen wurden zwecklos; ich spürte das Brennen meiner Füße.
Hier würde ich keine Stippvisiten mehr stippen.
Die lange Schlange vor dem Reichstag. Der Rummel im Regierungsviertel. Das Rauschen um die Musik-Kathedralen. Das Vorbeitrappeln vor den Theater-Tempeln. Das Hochgaffen gegenüber dem Denkmal mit dem reitenden Alten Fritzen. Das Blechbüchsen und Softflaschen Einsammeln um die Siegessäule. Das Russen-Orden-Feilbieten am Brandenburger Tor.

Der kahle Platz vor dem Dom. Die offenen Pilger-Münder auf der Museums-Insel. Das Hindurchhuschen in Zille-Winkeln. Das Waffeleis-Lecken vor dem Roten Rathaus. Das Hineinströmen, Hinaufwinden und Rumgaffen am und im Funkturm, Ku-Damm, Zoo, Tiergarten, die Ehrfurchtsversuche angesichts der Gedächtniskirche, das Rübergucken und Durchschnüffeln nach und in den Hackschen Höfen und alle Plätschereien von Spree, Havel, Landwehrkanal, Wannsee und alle Was-weiß-ich-Seen überhaupt.

Ich hing an meinem Krückstock; der messinggoldene Windhundkopfgriff war zur Farce geworden, diente nur noch als unvermeidliche Stütze.

Von Mitleid gepackt schlug Brigitte vor, weitere Stippvisiten auf das nächste Jahr zu verschieben, sie tat es spontan, mit dem offiziellen Ton eines Familienoberhaupts. Ich stimmte sofort zu, gab erleichtert klein bei.

Es wurde auch nichts mehr mit dem Bestaunen der Foto-Profis aus Tokio, wenn sie durch die Gittertore pirschten und Sanssouci, Palais, Pavillons, Teehäuschen und Grabplatte des Königs beklickten, kurz rüberschielten nach der Legenden umwobenen Windmühle und anschließend draußen im Schatten der originellen Giebel des Holländer-Viertels sich über die deutschen Bratwürste hermachten.

Auch die geplante Fahrt nach dem noch kühleren Norden wurde gestrichen. Stralsund, Rügen mit Putbus, Binz, den abbröckelnden Kreidefelsen und Naturpark und dem Rasenden Roland hatten sich bis zum nächsten Jahr zu gedulden. Auch an Güstrow ging's vorbei. Für heute wurden der alte Backstein-Dom und Barlachs Schwebender vergessen.

Alles aus! Vorbei! Und keine Träne rausgequetscht, war ja klar. Die Fahrt mit unserem guten „BMW kompakt" wurde zur Flucht; ich, hinterm Lenkrad, schleppte auf meinem Buckel einen Packen Resignation mit.

Brigitte saß neben mir, beobachtete besorgt meinen Fahrstil; oft vergaß ich, meinen rechten Fuß vom Gaspedal zu nehmen und behielt zerknirscht die Verkehrsschilder im Auge.
Und Lina lag weit ausgestreckt im Fond und schlief, sie war schon immer ein Morgenmuffel.
Fast gemütlich, ich hatte alle Energie verbraucht, schlichen wir uns davon. Der starke Motor meines Autos schien übel gelaunt zu brummen. Beschattet von jungen, aber breitbauschigen Alleen verließen wir die letzten Häuser, sahen mit gemischten Gefühlen den Sandwegen nach, die schräg nach hinten hin gegen die Schlösser, Tempel und Mauern von Potsdam sich verliefen.
Da drüben krabbelten die Menschen wie Drohnen vor einem Bienenkorb. Was trieb sie? Nur aktuelle Neugier. Schon nach einem Jahr würden sie ihr jetziges Drohnen-Dasein nur noch am Rande, zufällig und gelegentlich erwähnen. Ich tröstete mich mit dieser fatalen Erkenntnis.
Wir näherten uns einem Wald. Noch einen letzten Blick zurück und ohne Zorn. Dahinten, schon weit weg, in wehmütiger Ferne blieb der Alte Fritz mit seinem Sanssouci zurück. Die historischen Kulissen versanken im Staub. Der Lärm der unzähligen Fotoknipser war verklungen. Leise brummte mein Kompakt. Ich fuhr mit fadem Nachgeschmack.

Über gepflegte Landstraßen fuhren wir. Der Verkehr ließ nach, mit dem Entfernen von der gewaltigen Stadt. Wir empfanden uns einsam.
Schatten spendende Bäume wurden geringer. Und die kurvenreichen Straßen stießen gegen die endlosen dunklen Kiefernmeere. Dann wieder Sand, wie ein ausgebreiteter Teppich. Dann wieder Erde, noch hellbraun.
Und noch immer glaubte ich, das Rauschen des Wassers in meinen Ohren zu hören. Ach, es rief die Ostsee nach mir. Oder wimmerte ich ihr nach?

Wir krochen durch die Zeit. Noch immer.
Mitunter schaukelte unser Gefährt; es lag nicht am Auto, es lag an manchen Straßen, die, noch nicht von der Nachwendezeit eingeholt, nur notgedrungen geflickt, in den neuen Zeitläufen noch schlummerten.
Wir fuhren durch die winkligen Gassen leerer Dörfer. Mit dem Nahen der Heimat kehrten die heiteren Geister zurück. Ich erlaubte mir elegante Schlenker auf den ausgestorbenen Straßen.
Dann wieder packte uns der Abschiedsschmerz für unsere Vorsätze. Wir fuhren schweigend. Aber wir näherten uns meiner Heimat. Es roch nach Heimat. Das wurde mir jetzt bewusst.
Ich wurde nervös. Wir holperten lauter über die Kopfsteinpflaster der einsamen Häuserzeilen. Oft aber packte mich ein schauriges Gefühl. Mir war, als kutschierten wir durch das tiefe Mittelalter. Nirgends sah ich Menschen, nicht auf den Dorfstraßen, nicht in den Höfen, auf den Feldern. Wir fuhren durch die nördliche Ecke der Altmark.
Ungeduldig huschten wir durch die Gegend. Eine Mischung von Ehrfurcht und Traurigkeit hatte mich im Griff. Die einsamen Landstraßen. Die stillen Dörfer. Idyllische Laubbaumgruppen. Satte Wiesen, abgelöst von Kiefernwäldern, die wie Barrieren zwischen den geordneten Getreide- und Ackerflächen hoch aufgerichtet sperrten. Und die vielen Brachäcker. Beim Fahren musste ich aufpassen, dass ich nicht in Träume fiel ...
Was trabte da heran? Ein Schimmel mit gebremster Würde, hinter der Kiefernschonung hielt eine Schwadron Ziethenhusaren, schritt jetzt an einen Kartoffelacker. Ein paar Leute mit gebeugten Rücken hantierten dort. Der auf dem Schimmel saß, er kam mir bekannt vor, gab Anweisungen, kritisierte, lobte wohl auch. Er trug einen Dreispitz, eine königsblaue Uniform, schwenkte seinen Krückstock. Zwei

Windspiele wirbelten um das majestätische Pferd. Ah! Das war ...
Herrgott! Wo war ich! Nicht träumen!
Beinah war ich gegen den krummen Apfelbaum aus dem letzten Jahrhundert geknallt!
Da stand nichts anderes als eine Vogelscheuche.
Ich musste mich zusammennehmen, mich endlich losreißen von dem, was nun endgültig Vergangenheit geworden war.

Immer vertrauter wurde mir die Landschaft. Ortsnamen fielen mir ein, bevor ich das Dorf erreichte. Überall tönten Heimatklänge, färbte sich das Bild der Heimat vom tristen Grau in bunte Farbenkleckse.
Ah, da! Das Dorf! Mir wohl vertraut! Aus der Kurve heraus, hinein in das flache Tal! Hier kannte ich jeden Fleck! Viele Wochen meiner Kindheit hatte ich hier verbracht! Aber gleich am Anfang des Dorfs wurde mir die Entfernung meiner Erinnerung klar.
Hier hatte sich viel verändert. Straßen, auf denen zur Zeit meiner Kindheit schwere Ackergäule, so genannte „Belgier", die Erntewagen zogen, auch schon einige Traktoren, die manchen Gaul ersetzten, hatten sich grundlegend gewandelt. Ein Porsche würde jetzt rasant und mit elegantem Schwung hier durch die Kurve ziehen, das Quietschen seiner Reifen wäre das passende Juchhee auf den Fortschritt, der sich auch hier bemerkbar machte.
Jedoch auch hier, trotz der rennstreckentypischen Kurve, war es verdächtig still. Und das am Wochentag! Das Dorf schien zu schlafen. Oder alle Einwohner waren weggezogen. Keine Menschen gingen auf den Straßen, keine Leute fuhrwerkten in den Höfen. Ich kam mir vor wie bei der Besichtigung eines dörflichen Freiluftmuseums.
Am Friedhof hielten wir. Ich suchte vergeblich das Familiengrab meiner Großeltern; ich kannte die Stelle genau. Sie hatten

die Gräber eingeebnet, nur Gras und noch mehr Unkraut wucherten. War wohl zu teuer ...
Drüben stand noch das Fachwerkhaus, in dem meine Mutter geboren wurde. Hier lebten jetzt fremde Leute.
Wir fuhren schnell weiter. Ich konnte es kaum noch erwarten. Keine zwanzig Kilometer mehr ...
Zwei, drei Dörfer huschten vorbei, als säßen wir in einem ICE. Das „Salzwedler Tor" der Kreisstadt! Wir konnten nicht durchfahren, mussten drum rum. Wie so oft in diesen Tagen hatte sich für mich auch hier vieles grundlegend verändert. Ich erkannte das Städtchen kaum mehr wieder.
Wirkte zu meiner Schülerzeit das Gebäude der Oberschule wie eine klobige, lebensfeindliche Zwingburg, so erschien es mir jetzt wie ein Häuschen aus der Augsburger Puppenkiste, wie ein aufgeweichter Pappkarton, der einmal eine Pralinenschachtel gewesen war.
Die Hauptstraße, früher eine simple, halbwegs rege, kleinstädtische Geschäftsstraße, das Rathaus, auch jetzt mit gedrechseltem Turm, als hätte ein Zuckerbäcker sein Handwerk versucht, dahinten der Bahnhof, in meiner Schulzeit Repräsentant energischen Fortschritts, jetzt im verfallenden Rost, und der geduldige Marktplatz, auch jetzt von eiligen Füßen getreten ...
Hinaus ging's aus dem Städtchen!
Noch acht Kilometer!
Ah, da! Die uralte gewaltige Kiefer, die neben dem breiten Sandweg, einer ehemaligen Heerstraße im dunklen Mittelalter, sich jetzt noch gewaltiger reckte! Die älteren Burschen hatten mir Achtjährigem weisgemacht, dass in der weit geschwungenen Krone des legendären Baums das Nest eines Schwarzstorchs, die es bei uns gar nicht gab, mit drei Jungen drin versteckt sein sollte. Mich trieb mein achtjähriger Übermut, ich kletterte hoch, eine kolossale Leistung, aber ich fand ein leeres Krähennest.

Und als ich wieder auf dem weichen, weißen Sand des alten Heerwegs stand, hatte ich am Hintern meiner kurzen Hose ein schwerwiegendes Dreieck.
Und da! Die drei Kreuztannen! Nein, sie waren nicht mehr da, der kahle Hügel markierte auch heute noch die Grenze der dörflichen Ländereien.
Dann fuhr ich ins Dorf meiner Kindheit, in das Dorf, das meine Heimat war, meinte ich.
Schon nach den ersten Häusern erkannte ich, dass mein Heimatdorf ein fremder Ort geworden war.
Die Straße, auf der wir ins Dorf fuhren, war noch die alte geblieben. Zunächst, wohl aus der Kreiskasse bezahlt, glänzten noch immer die glatten, blassblauen, faustgroßen Steinwürfel. Dann, ganz plötzlich, schon hundert Meter im Dorf, ging's holterdiepolter über die klobigen Buckel uralter Feldsteine von der Größe eines stattlichen Weißkohlkopfs. Am andern Ende der Durchgangsstraße, nach Westen hin, klebte schwarzblauer Asphalt über der Vergangenheit, sah aus, wie ein Gebiss voller fauler Zähne, weil sie noch nicht dazu gekommen waren, die Löcher zu stopfen. Wo waren die imposanten Bauerngehöfte geblieben? Ihre geschwungenen Torbögen waren mit kleinbürgerlichen Plattenbauhütten verklebt, durch nachwendischen 08/15-Wohlstand in Kleinformat ersetzt. Nur hin und wieder ragten, ausgedient, notdürftig geflickt und porös, bäuerliche Gemäuer aus den tristen Häuserzeilen.
Jetzt hielten wir vor meinem Elternhaus!
Scheu und beklommen auch mit einer Portion Behutsamkeit betrat ich das Grundstück meiner Geburt, meiner Kindheit. Die zarten, dünnen Birkenbäumchen vorm Haus standen nicht mehr, waren gefällt, abgesägt. Das sperrweit geöffnete Hoftor hing schräg in den Angeln und in abgeblätterter, verblichener grüner Farbe. Wo war im Hof das Pflaster geblieben? Wo waren die kleinen natürlichen Feldsteine, nicht größer als ein Tennisball? Dichtes Gras und fettes Unkraut hatten sich drüber breit-

gemacht. Und die Scheune, die Stallungen und rechts die Waschküche und die ehemaligen Mietwohnungen, die jetzt, ohne Türen, wie aufgebrochen, abmontiert, als Handelsräume für Eier, Milch, Kartoffeln, Gemüse und Obst galten, mit einer uralten Dezimalwaage für Kartoffelsäcke, Kürbiskörbe, Eierpakete, Obsteimer und Milchkannen ausstaffiert, sahen mich abweisend an.
Und dann nach hinten raus, wo ich den riesigen Garten, um die vier Morgen, wusste. Ein Stückchen war eingezäunt und diente zwei Eseln unter dem abgestorbenen Birnbaum aus dem vorletzten Jahrhundert als tröstende Ruhestätte zum bewegungslosen Dösen. Daneben, auch eingezäunt, es war ein Konglomerat von unterschiedlichstem Maschen- oder Stacheldraht, auch Holzlatten dazwischen und unten, damit die Biester nicht durchschlüpften, matschten zehn weiße Gänse in brauner Soße. Dahinter, quer über die ganze Breite abgetrennt, ich erkannte ein Gewirr von Draht, Brettern und auch Eisenstangen, Holzpfählen und in der Mitte sogar eine richtige Gartentür, grün angestrichen, da blühten Löwenzahn und Genossen zwischen Mohrrübenfleckchen, Bohnenstöckchen, Gurkengeschlingen, von fetten gelben Kürbissen eingerahmt. Weiter konnte ich nicht sehen.
Aber ich sah schon zu viel.
Hier wohnten jetzt an sich fremde Leute, die mir freilich bekannt waren. Beide wurden im Dorf geboren. Er war vier Jahre jünger als ich, als Kind hatte ich mit ihm nichts zu tun, er kam mir nie in die Quere, war viel zu jung für Raufereien. Auch später gab es zwischen uns keine Berührungspunkte. Sie ging mit mir in meiner fünfjährigen Dorfschulzeit gemeinsam in das düstere Erziehungshaus, saß irgendwo mehrere Bankreihen hinter mir, Jungens spielten damals nicht mit Mädchen.
Die freundlichen Leute luden uns zu Kaffee und Kuchen ins Haus. Wir dankten, mussten weiter.
Das Gespräch verkleckerte nichtssagend.

Der Abschied war leutselig, heiter, versprach ein Wiedersehen, das keiner ernst nahm. Wir stiegen ins Auto und fuhren davon.
Wir fuhren durch eine Stille, die mich quälte. Weit hinter uns lag das Dorf. Ich gab Gas und achtete auf die Verkehrsschilder. Ich orientierte mich. Wir mussten am Harz vorbei, wenn wir „nach Haus" in unsere zweite Heimat wollten.
Wir ... ich fuhr mit steigender Ungeduld.
An einem Birkenwäldchen, das wie ein poetischer Hauch mitten in der spärlichen Landschaft stand, fuhren wir vorbei. Ich beachtete es nicht. Auch die stillen Dörfer und auch mal stille Städtchen, die wir durchfuhren, beachteten wir nicht.
Sagten sich hier die Füchse noch immer „Gute Nacht"? Krähte hier der Hahn erst nach dem Mittagsschlaf?
Wir fuhren durch die kleine Metropole, von der man per Eisenbahn direkt auf den Brocken dampfen konnte.
Über den Dächern thronte das gräfliche Schloss, eine in Stein gehauene Gewaltherrschaft, jetzt zum Denkmal erhoben, lockte es viele Neugierige, die sich vor einigen hundert Jahren anders verhalten hätten.
Wir fuhren durch winklige Straßen, die lebhaft und geschäftig pulsierten. Hier reparierten sie aus der Wende heraus. Sie hatten Fahrbahnen aufgerissen, die, nach meiner Überlegung, längst keine Straßen mehr waren. Reges Leben drängte sich an Sandhaufen und mit handwerklichen Geräten hantierenden Arbeitern vor. Flankiert wurde der betriebsame Aufbruch schon von schmucken Häusern, in deren Erdgeschossen meist neben alltäglichen Bedürfnis-Artikeln auch luxuriöse Köstlichkeiten angeboten wurden.
In manchen Seitengassen sah's freilich noch trübe aus.
Angezogen von wohlfeilen Unterhosen, Taschentüchern, Bettvorlegern, auch von Schmuck für hoffnungsvolle Herzen, von glitzernden Pkws bis zur Mittelklasse, für die meisten kaum erschwinglich, auch angezogen von allem Qualmenden oder

Ablenkenden, über Schnupftabak bis zum Kaugummi, über eine Vielzahl von Zigarettensorten, Zigarren bis zu den Gerätschaften für Pfeifenraucher-Orgien, über alle erdenklichen Mineral-, Soft-, Bier-, Wein- und Rotkäppchenfreuden strömten Groß und Klein zwischen dieses aufgeregte Mauerwerk. Ich rieb mir die Augen wie nach einem schweren Schlaf und sah mich wundersam berührt um.

Es dauerte nicht lange, da zog eine prähistorische Dampflok drei ehrwürdige Waggons, in deren letztem Abteil wir saßen, nach dem Brocken hinauf.
Mühsam stampfte das schwarze Ungetüm die schmale eingleisige, sich stetig höher windende Trasse hinauf. Urige Fichten drängten sich mit ausgebreiteten Armen auf beiden Seiten heran. Rechts ging's steil und beklemmend nah nach oben. Links fiel es steil und schwindelerregend nach unten. Seltsam verschlungen, knorrig und mit bizarren Zacken und Spießen standen die uralten Riesen und die zierlichen naivgrünen und kecken Weihnachtsbäumchen im Fels. Ein Ur-, ein Märchenwald umgab uns.
Ganz plötzlich, auf der abfallenden linken Seite, riss der Wald auf und der freie Blick flog über eine weite, dunkle, kahle Fläche. Der Wald hatte hier seinen Friedhof. Seine sterblichen Überreste lagen oder standen herum. Es glich einem gewesenen Schlachtfeld nach einem Trommelfeuer auf Flanderns Erde im Ersten Weltkrieg. Zerfetzte, ausgetrocknete, verbogene Baumstangen, kahl, ohne Rinde, glatt wie Telefonmasten, schwarzgrau, manche in fahlem Hellgrau und in ungeahnten fantastischen Verschlingungen, sahen klagend zu uns herauf.
Befreiend, erlösend wirkte, dass der Blick in der Ferne auf die sanften Ausläufer des Harzes traf. Von hellem Sonnenschein beleuchtet beruhigte das unergründlich dunkle Waldgrün der weit geschwungenen Hügel unsere Augen.

Wir rauschten mit kühnem Pfiff auf die höchste Kuppe unserer Heimat!
Hier wehte ein frischer Wind der sich zuweilen stürmisch steigerte; er wollte zeigen, wer hier das Sagen hatte. Trotzdem gingen und kraxelten zahlreiche Leute.
Ah! Da! Ein Rotfuchs! Er strich hakenschlagend, nach allen Seiten sichernd, an Menschen gewöhnt, frech auf seiner Fährte, sah kaltblütig und verachtend zu uns herüber und verschwand gelassen im schroffen, abfallenden Geröll.
Frei, ungebremst war hier die Sicht, nicht gehindert von gewaltigen feindlichen Spionageaugen, zementiert gelagert in starren, abweisenden Betonblöcken.
Ich stand auf dem als markierendes Denkmal aufgehäuften Steinhaufen in der Mitte der Kuppe. Ich genoss diesen Augenblick. Ich genoss im wahrsten Sinn des Worts.
Bedächtig drehte ich mich um mich selbst, zögerte die Bewegung hinaus, begierig, alle Einzelheiten zu erfassen. Jeden Meter durchforschte ich. Meine Augen tasteten liebevoll über den kreisrunden Horizont, der mich umgab. Ich maß die Spanne von meinen Füßen, deren Schmerzen ich nicht wahrnahm, bis hin zu der auffallenden Baumgruppe dort hinten auf dem dunkelgrünen Hügel, der sich, ein würdiger Vasall, vor der Majestät des Brockens duckte.
Ich sah die hellen, hellroten Farbkleckse, ein Dorf, in dem sich Menschen emsig regten. Und auf der anderen Seite ruhte im vielfältigen Bunt ein Städtchen, arbeitsam nach seiner hellen Zukunft ausgerichtet. Breit fächerte sich eine braune Ackerlandschaft schon über das eingetrocknete Farblose verlassener Brachflächen.
Ach, ich hätte wie Vincent van Gogh malen mögen!
Pralle, lebendige Farben im satten Kontrast und mit breit gedrückten Pinselstrichen und in kühnen, ungeahnten Formen!
Ringsum arbeiteten sie, obwohl ich sie von hier nicht erkennen konnte. Unverzagt packten sie an, stemmten sich gegen

die düstere Hinterlassenschaft, die ihnen schicksalhaft aufgebürdet wurde. Und die am Rand standen, nicht arbeiten konnten, weil man sie nicht arbeiten ließ, sahen mit unversöhnlichen Augen.

Von hier oben sah ich es deutlich. Ich erkannte die Zuversicht und auf der anderen Seite den Zorn.

Und über mir, noch hinter den flüchtigen, zerfetzten Wolken, erkannte ich die zerfließenden, verwehten Konturen einer deutschen Sphinx. Aber daran konnte man weder drehen noch deuten. Mir gelang es, meine Erinnerung einer glücklichen Metamorphose zu unterziehen.

Pendelschläge einer Standuhr
– Novelle –

1.

Es geschah an einem gewöhnlichen Wochentag, in einem südenglischen Städtchen, nicht weit von Dover.
Die Leute gingen ihrem Job nach, falls sie einen hatten. Andere trieben sich rum, hatten dafür alle möglichen Gründe, glichen sich aber wie die Eier im Kühlschrank.
Und es war mitten im Oktober. Das Wetter täuschte maßlos. Von wegen wolkenverhangen, diesig oder Regenschauer. Die Sonne beherrschte den Himmel, sämtliche Wolken hatten sich verkrochen. Und es war sogar sommerlich warm. Aber es war nicht zu übersehen, dass die Bäume, Hecken und Büsche, längst nicht mehr grün, ihre gelben, braunen und roten Blätter abstießen, um sich dem Winter zu stellen, um nach der Froststarre wieder zu erwachen.
Auch das Gebäude hier am Stadtrand, verborgen hinter einer aus Misstrauen und abstoßender Würde viel zu hoch gebauten Backsteinmauer, die sich noch obendrein und hysterisch mit einer Starkstrom gespeicherten Stacheldraht-Krone schmückte, verbarg seine wirkliche Bestimmung.
Stand man davor, sah man vor allem nur Glas und hielt die Villa für unbewohnt; sie träumte unter hohen, alten Rotbuchen vor sich hin.
Auch in diesem Raum, dessen Helle ebenfalls täuschte, hinterließ die hypermoderne Einrichtung, kenntlich an den gemäldeähnlichen eingerahmten Pinselstrichen, keinen anderen Eindruck.
Aber ein Relikt aus weit zurückliegender Vergangenheit behauptete sich mit dem dreisten, mürrischen Lebensrecht des Alten. Die hochnäsige, rechthaberische Standuhr, großväter-

liches Erbstück aus dem letzten Jahrhundert, hatte durchgesetzt, dass sie ihren Stammplatz behalten durfte; sie hatte Glück, weil ihr rotes Kirschbaumholz gefiel.
Jetzt rasselte sie asthmatisch mit einer Kette in ihrem noch immer unruhigen Innenleben, quälte sich anschließend mit fünf unergründlich tiefen, nur angedeuteten Gongschlägen und schwieg dann wieder würdevoll.
Sonst geschah nichts.
Aber dieses Nichtsgeschehen legte sich bedrückend auf die bewegungslose Stille in diesem Raum. Und Erwartung machte sich breit; es war eine Erwartung, die nichts Gutes verhieß, obwohl es keinen Grund gab, nichts Gutes zu erwarten.
Es roch danach!

Jetzt bewegte sich ein Schatten draußen vor der gläsernen Terrassentür, die neben dem breiten Fenster zum Park hin in der Zimmerecke wie ein notwendiges Übel angebracht war, damit man, nach Vorstellung des Architekten, von hier nach draußen oder umgekehrt gehen konnte, was in jedem Fall ein Problem sein würde; hatte jeder einen Schlüssel bei sich? Wer waren diese „Jeder"? Wie viele Schlüssel gab es? Und wenn ein Schlüssel von innen steckte, wenn man draußen stand? Oder mit welcher Sorgfalt wurde die Tür nach dem Passieren wieder abgeschlossen? Oder vergaß man's?
Hatte man's heute vergessen?
Der Schatten stand im Augenblick reglos und drückte seine Nase gegen das Glas. Große dunkle Augen, ein bleiches Gesicht wirkten verschleiert, weil innen eine tüllfarbige Gardine mit nachempfunden Brüsseler Spitzen unten dran nur verschleierte Blicke zuließ. Die Visage wirkte clownesk, lief rot an, wurde zum Boxerknorpel.
Unruhig wankte der Schatten vor der Tür, schien entschlusslos, gleichzeitig bedrohlich.
Da öffnete sich die Tür!

Der Schatten drückte ganz vorsichtig von draußen; und die Gläserne tat ihm den Gefallen und schwang lautlos zurück. Es dauerte ein Weilchen, bis die nächste Handlung geschah. Der Schatten zögerte, war sich nicht sicher. Ganz offensichtlich kämpfte er mit seinem Misstrauen.
Ein Wimpernschlag wurde geschlagen! Und keiner sah in kommen! Mitten im Raum stand das Wesen; anders konnte man's nicht nennen!
Eine dunkelbraune samtene Hausjacke mit geflochtenen Husarenschnüren überall, Mostrichflecken, Rotweinklecksen und einem gehörigen Riss in der linken Tasche, genau in der Mitte des aufgesetzten, jägergrünen Wollstoffs, ein perfekter Scherenschnitt, dessen Verursacher und Verursachung wahrscheinlich in der Urzeit der Zivilisation, also, für Europäer nach dem Zweiten Weltkrieg, zu suchen war. Unten die ausgediente, ausgebeulte Trainingshose, an der die Kleckerei, Rest vom Eigelb, Ketschup hingeschmiert, sogar kurioserweise verlorene Tintenkleckse, fortgesetzt wurde. Und ganz unten durchgetretene Schlappen! Reif für den Mülleimer! Der ehemalige Kunststoff war schimmelalt.
Zunächst stand er wie angewurzelt. Die einzige Bewegung unternahmen seine in tiefen Höhlen liegenden, dunklen Augen; sie schlichen über den Teppich, über die beiden gelben Ledersessel, in denen man bis zur Unkenntlichkeit versank, sie hafteten nur kurz an dem grellbunten Vorhang, aus Afrika importiert oder unter den Nagel gerissene Massai-Kultur, viel Buntes im knalligen Rot. Die Augen wussten, dass hinter dem Vorhang eine großräumige Essdiele eingerichtet worden war, um die lukullischen Bedürfnisse der Besitzer zu befriedigen. Wie Spürhunde flitzten seine Augen!
Sie verengten sich zu schmalen Schlitzten und verrieten, dass er diese Leute nicht mochte, ganz und gar verabscheute.
Seine Augen wanderten weiter, zielstrebig, als suchten sie etwas Bestimmtes, tasteten über all die vertrauten Gegenstände und Einrichtungen, die ihm nicht gehörten.

Seine Unruhe wuchs, er trieb seine Augen an. Die wanderten weiter.
Er folgte ihnen, hin nach der alten Standuhr; dicht vor ihr blieb er stehen. Seine alten Hände, die welke Haut hing schon in ihren durchschimmernden Skeletten, tasteten über das Kirschbaumholz, krallten sich in die geschnitzten Ornamente. Sie tasteten verliebt, tasteten erregter. Undeutlich murmelte es zwischen seinem lückenhaften Gebiss.
„Du gehörst nicht hierher."
Erstaunlich lebendig sprach, wenn auch verwirrt und kaum verständlich, ein Greis, schon weit über siebzig. Und seine schlurfenden Schritte täuschten; schon war er zur Terrassentür hinaus, schloss sie behutsam hinter sich und verschwand in der Tiefe des Parks.
Wieder schlugen die Wimpern und brauchten dafür keine Sekunde!
Es bewegte sich der afrikanische Vorhang.
Ein Mann trat in den Raum; lautlos ging er über den Teppich, entschlossen gingen seine Schritte. Er sah sich um, als suchte er etwas. Er tat es nicht hektisch, war in seinem Verhalten ganz anders als der Typ von vorhin.
Bud Morrison, gut angezogen, ein Mann um die fünfzig, ging an die Terrassentür, fummelte mit zwei Fingern am Türschloss und wandte sich ab.
„Wenn ich den erwische ..."
Bud Morrison, der Besitzer der Villa, blieb am großen Fenster stehen. Er stand ohne eine Initiative, dies zu ändern. Auch bei ihm waren es nur die Augen, er betrachtete den gepflegten, kurz geschnittenen Rasen; der alte Gärtner sorgte dafür, dass hier das Unkraut keine Chance hatte. Jon, so hieß der Alte, schaufelte, harkte, spatete nur in seiner botanischen Welt und nahm die Umwelt nicht wahr. Bud Morrisons schöne blaue Augen verweilten bei den dunklen Baumriesen, suchten hinter den stämmigen Holzsäulen, verweilten

ungewöhnlich lange, man konnte vermuten, er stocherte kriminalistisch durch die Büsche seines Parks, spielte Edgar Wallace oder 007.
Unzufrieden ging er ins Zimmer zurück.
Bud Morrison starrte nur flüchtig auf die alte Standuhr.
„Miststück."
Der schwere Mann, Lebendgewicht 90 Kilo, bei 1,90 m Länge, alle Klischee-Ideale in einem, wanderten ziellos über den Teppich.
Wir fanden ihn wieder in einem der beiden gewaltigen gelben Ledersessel.
Vor sich auf dem zwei Meter langen Glastisch, der mit sechs gewundenen Bronzekrallen in den dicken Teppich griff, hatte er einen vollen Scotch stehen, daneben ein entsprechendes Glas im Zahnputzformat. Er goss sich ein, stellte Flasche und Glas wieder auf den Tisch. Er wartete auf niemanden, auf nichts. Oder?
Wieder bewegte sich der afrikanische Vorhang.
Wieder betrat ein Mann den Raum.
Noch eine andere Ausgabe.
Da schlenderte ein verblichener, ehemals blauer Jeans-Anzug über den dicken Teppich. Die Jacke hing über zu schmalen Schultern und gab der Statur das Aussehen einer Vogelscheuche. Die Hose war gerutscht; und die Rutschpartie setzte sich fort, unten traten die dunkelblau-weißen nicht zu teuren Joggingschuhe mit ihren breiten Krempen auf die letzten Nähte der Hose und machten sich dadurch unsichtbar.
Pierre Vallee setzte sich in den zweiten gewaltigen gelben Ledersessel, griff die Scotch-Flasche und nahm, ohne eine Anstoßgeste zu seinem Nachbarn zu toasten, einen tiefen, genusssüchtigen Schluck.
Beide Männer sprachen kein Wort und nahmen keine Notiz voneinander. Es lag nichts Freundliches zwischen ihnen, sie spielten auch nicht mit einer versteckten Feindschaft. Sie zeigten ungeniert ihre feindlichen Gefühle.

„Kokettiere nicht mit der Schizophrenie, Bud! Nimm mich zur Kenntnis!"

„Das Miststück da drüben wird bald mit sechs unverschämten Gongschlägen schlagen."

„Es tickt die Totenuhr."

„Quatsch nicht so kariert."

Und damit hatte sich ihr Dialog erschöpft. Vorläufig. Jetzt tranken beide. Sie taten's unterschiedlich. Bud Morrison nippte nur, erlaubte sich gerade mal eine Geste des Trinkens. Pierre Vallee hatte sich schon eingeführt, soff das Glas aus, bis auf den Grund, und goss aus der zur Pulle gewordenen Scotch-Flasche nach.

Wieder saßen sie im schier luftleeren Schweigen.

Dann.

„Pierre, seit gestern weiß ich ... dass Carol ... hoffnungslos ... heimtückisch ... ihr Herz ..."

„Vor einem Jahr hast du sie geheiratet, Bud."

„Ich wusste schon am ersten Tag von ihrer Krankheit. Sie tat mir Leid."

„Und hatte Geld."

„Lass das!"

Jetzt sahen sie sich zum ersten Mal so richtig forschend in die Augen. Keiner verriet, was sich unter ihren Schädeldecken verbarg.

„Bud, ich bin ihr Bruder."

Buds Backenknochen mahlten unter der gepflegten Haut.

„Pierre, gestern Abend bist du gekommen. Vorher kannte ich dich nicht. Und Carol kann sich nur schlecht an dich erinnern."

Der verblichene, ehemals blaue Jeans-Anzug flegelte sich im gelben Sessel und imitierte als reinen Neben-Effekt mit beiden Armen, beiden Händen, ein hoch brisantes Billardspiel.

„Ich denke, sie stirbt."

Morrison saß versteinert. Jetzt visierte er die alte Standuhr an, seine schönen blauen Augen bohrten sich in das Zifferblatt, sprangen rüber nach dem Telefon, das auf dem einsam an der Wand gegenüber stehenden Telefontischchen, trotz seines künstlichen Gehäuses, wie eine bissbereite, quicklebendige Tarantel reglos hockte.

„Ich muss nach Liverpool. Absatzschwierigkeiten sind gewesen. Konjunktur springt. Ich muss nach Liverpool."

„Kein Grund, nervös zu werden, Bud."

„Ich sorge mich um meine Frau."

„Du lügst, Bud."

Schweißperlen auf Morrisons glatter Stirn. Fahrig spielten seine Hände mit dem noch immer vollen Glas. Bud Morrison kippte sich den ganzen Scotch hinter die Binde.

Der gleichaltrige Pierre Vallee kratzte hinter seinem linken Ohr an der unschönen Warze; er tat's immer, wenn er anschließend verstohlen griente.

„Das Telefon macht dich nervös, was?"

Viel zu heftig geriet der Hausherr aus der Balance, die er bisher so sorgsam pflegte, gegenüber allen möglichen Unbilden so meisterlich im Griff hatte.

„Nein! Nein! Pierre! Gleich! Gleich! Die Standuhr! Der verdammte Dolch! Dolch! Der Zeiger rückt vor!"

„Mann oder Frau?"

„Weiß nicht! Weiß doch nicht! Was? Was hast du gesagt, Pierre?"

„Wer ist der Telefonierer?"

Ein frischer Wind wehte herein!

Alice, das siebzehnjährige Au-Pair-Mädchen aus einem Kaff im hinteren Westerwald in Deutschland, brachte den nervösen Luftzug.

„Sie, die Madam, sie schläft jetzt! Madam Carol hat ein bisschen Fieber! Sie fiebert etwas von einem Telefonierer! Die Madam Carol! Ich suche nur ihr Fläschchen! Das Fläschchen von Dr. Newton! Hat sie hier irgendwo ..."

Morrison nahm nichts mehr wahr, saß, zu Stein geworden, versuchte, mit nachspülendem Scotch die Starre aufzuweichen. Sein schlampiger Schwager nickte verschmitzt, kratzte wieder hinter seinem linken Ohr an der unschönen Warze und lächelte die Naive aus Germanien wie ein alter Kumpel an.
„Mein Name ist Pierre Vallee. Ich bin der Bruder von Madam Carol."
Alice hatte großen Spaß am verstaubten Knicks, den ihr die Westerwälder Lehrerin in ihrer Dorfschulzeit beigebracht hatte.
„Alice Andernacher."
„Weißt du etwas über den Telefonierer, Alice?"
Der Galgenstrick im Jeans-Anzug hatte seinerseits großen Spaß am Auf-den-Busch-Klopfen.
„Ich weiß nicht, Sir. Sie sollten die Polizei benachrichtigen, Sir."
„Was geht mich der Telefonierer an, Alice."
Alice vergaß, wo sie sich befand und was sie hier wollte. Sie setzte sich auf die wacklige „Casablanca", Heiligtum der Familie, ein Onkel hatte sich im vorletzten Jahrhundert in Marokko herumgetrieben.
„Madam Carol sagte, dass Sie gestern Abend angekommen sind, Sir. Da schlief ich wohl schon. Sir waren lange in Afrika, wie Madam mir sagte."
„Ja, in Marapua."
Kaum merklich zuckte Morrison. Er kaschierte seine Hellhörigkeit, indem er nach einer imaginären Fliege schlug. Er spitzte die Ohren.
Vallee hatte nur Augen für Alice. Er sendete aber in eine andere Richtung. Und die hieß Morrison.
„Ich hatte ein größeres Unternehmen in Marapua. Mitten im Urwald. Tja. Im Krieg ist da unten alles draufgegangen. Die Aufständischen und die Europäer. Tja, Alice. Mein Schwager und ich haben uns gestern Abend erst kennen gelernt. Aber, Bud, was starrst du immer das Telefon an!"

„Haben ein abenteuerliches Leben hinter sich, was, Sir?"
Vallee holte zum Schlag aus.
„Tja, Carol und ich wurden schon als Kleinkinder getrennt. Carol war zwei, ich vier. Da starben unsere Eltern. Unglücklich. Der Vater, Franzose, hatte in der Schweiz ein stabiles Bankgeschäft. Die Mutter, Schottin, war eine bekannte Opernsängerin. Die Eltern hatten eine Yacht. ‚Pelikan' hieß die Yacht. Die Eltern hielten sich mehrere Wochen im und am Mittelmeer auf. Wohl auch geschäftlich. Sie gingen mit ihrer Yacht im Mittelmeer unter. Sturm. Wir Kinder waren zu Haus geblieben, wurden damals getrennt. Carol kam zu den schottischen, ich zu den französischen Großeltern. Kontakte gab's nicht mehr. Als junger Mann ging ich nach Afrika."
„Ist ja toll, Sir! Und jetzt?"
„Ich habe Kapital gerettet. Nach der Katastrophe in Marapua. Alles Weitere findet sich."
„Da unten in Afrika, in Marapua, sind die Sitten anders. Was, Sir? Da im afrikanischen Dschungel! In der Wüste! Krokodile! Löwen! Schlangen!"
„Und hier der Telefonierer!"
Schallend lachte Pierre Vallee über seinen geschmacklosen Witz; er kalkulierte geschickt mit diesem Trick.
Das war zu viel für Bud Morrison. Er sprang auf, ließ aber den Sessel an seinen Kniekehlen!
„Lass das! Wie spät ist es? Lass das! Was willst du hier?"
Alice fühlte sich angesprochen, war aber nicht gemeint und stand trotzdem auf, blieb an der „Casablanca" stehen.
Morrison vergaß sich selbst mehr und mehr!
„Wie! Ja! Meine Frau! Carol! Ihr gehört das Telefon! Telefon? Die Standuhr ... die Standuhr ... meine ich!"
Bud Morrison sackte erschöpft in den gelben Sessel und verhielt sich noch lange erschöpft.
Entgeistert betrachtete Alice ihren Brötchengeber.
„Verzeihen Sie, Sir."

Pierre Vallee verengte seine Augen und suchte Unergründliches im leeren zahnputzähnlichen Scotch-Glas.
„Es reicht, Bud!"
Sie sahen nicht, dass sich der afrikanische Vorhang bewegte!
Sie stand wie Kleopatra, war's natürlich nicht, stand nur so da, stand, wie man sich's eben als Mann so vorstellte, wie Kleopatra dastehen würde ... na gut ... könnte, wenn man selbst ... also unsereiner ... ach, was soll's ...
Carol, bleich im schönen Gesicht, trug einen weißen Frottee-Bademantel, obwohl sie sich etwas Passenderes leisten konnte. Die drei andern hielten abrupt inne, gleichzeitig, wie auf Kommando. Und Carol genoss es. Keiner sprach den leisesten Mucks, zuckte selbst nicht mit einer Wimper.
Schweigend durchschritt Carol, die hohe, königliche Frau Ende vierzig, den Raum, ohne die andern Drei zu beachten. Sie ging an der Terrassentür vorbei, fummelte dabei am Schloss, blieb vor dem großen Fenster stehen und rührte sich nicht, sah nur nach draußen.
„Ist das Clemens ... der dahinten ... hinterm Weißdornbusch ... das ist doch nicht Clemens ... Clemens macht so etwas nicht."
Carol drehte sich um, blieb aber stehen.
„Ist etwas geschehen?"
Die andern Drei schwiegen, hatten verschiedene Gründe, zu schweigen, nicht nur gewichtige, auch belanglose.
„Ich konnte nicht schlafen. Ihr schweigt, drückt euch vor der Wahrheit. Die Seitenstiche haben Gott sei Dank aufgehört. Ich sollte mich auf Mallorca erholen. Du bist nicht davon erbaut, Bud? Lieber Bud, ich bin noch nicht tot. Darf sich das Bankguthaben setzen?"
Sie tat es.
Carol schritt zu Alice, die wich scheu zurück. Carol setzte sich auf die „Casablanca", Alice stellte sich dahinter, stand ... wie KEINE Zofe!

Die beiden Herren hielten es bis jetzt für besser, mit geschlossenen Lippen abzuwarten, was kommen würde.
Carol sprach. Sie sprach mit großen Pausen. Sie sprach, als verkündete sie ein Kochrezept, als gestand sie, Hühneraugen zu haben. Während sie sprach, sah sie unentwegt an Morrison und Vallee vorbei. Die Missachtung war offenkundig, war sie gewollt, echt? Sie wandte den Kopf weiter von ihnen ab. Jetzt müsste die Region um die Halswirbelsäule schmerzen. Carol sah durchs große Fenster, sah nach ihrem wilden, gepflegten Park, wo Clemens hinter einem Weißdornbusch sein Wasser ließ.
„Seit einer Woche ruft er täglich an ... Zählen Sie bis 13 ... Der 13. ist am Freitag ... Freitag wird Ihr Todestag ... Um sechs ruft er immer an ... Ist bald so weit, dauert nicht mehr lange ... Wer ist er, der Telefonierer? ... Ein Mann? Eine Frau? Wen meint er? Meint sie? ... Dich bestimmt nicht, Bud ..."
Es räusperte sich, kratzte gleichzeitig an seiner unschönen Warze hinter seinem linken Ohr, der verschlagene Vallee. Er räusperte sich auffallend leise, war gar kein richtiger Räusperer, war mehr wie das Dröhnen des Echos über den Totengesichtern im Leipziger Völkerschlachtdenkmal, wie die pfeifende Luft ganz oben auf dem schiefen Turm von Pisa, wie das Mäuserascheln im Glockenturm des ehrwürdigen Wiener Steffen. Da war alles drin.
„Ich bin gestern Abend erst hier angekommen."
Das war zwar überflüssig, jeder von ihnen wusste das. Weshalb sagte er es dennoch? Vallee war so gebaut, dass er erst überlegte, bevor er sprach. Und Carol hatte andere Sorgen.
„Alice, ich brauch meine Tropfen. Dann sollte ich mich hinlegen."
Alice zögerte ratlos, machte aber einen ganz anderen Eindruck, ähnlich dem einer Mitverschwörerin.
„Wo sind denn die Tropfen, Madam?"

Wieso wusste das Pierre Vallee so genau? Kein Wunder, er hatte ja Augen im Kopf.
„Sie liegen da drüben neben dem Telefon."
Und Bud Morrison schnappte bissig nach. Noch duckte er sich, zögerte noch vor dem Sprung.
„Noch schweigt das Telefon."
Vallee korrigierte.
„Der Telefonierer."
Nun spulte sich der Rest dieser verkrampften Situation routiniert ab. Alice holte die Tropfen, Carol stand auf, völlig geistesabwesend und ging mit ihrem Au-Pair-Mädchen hinter den afrikanischen Vorhang.
Nicht wie Denkmäler, versteinert, unbeweglich, saßen Bud Morrison und Pierre Vallee in ihren gelben Sesseln. Aber sie waren auf dem Sprung. Das sah man an ihren Augen; sie zeigten es – jeder dem andern – waren bereit zum Sprung nach des anderen Kehle.
Jetzt löste sich Vallee aus der gespannten Sprunghaltung. Er schlug ein Bein über das andere; man sah das behaarte, nackte Beinfleisch über der zu kurzen Socke.
„Du hast es weit gebracht, Bud."
Bud Morrison reagierte noch nicht; ihn interessierte nur noch die halbleere Scotchflasche, hatte aber kein Verlangen, das Zeug in sich reinzuschütten. Er schwieg. Und Vallee setzte nach.
„Ich hab es auch weit gebracht, Bud. Mein verdammtes Schicksal ..."
Der schwere Mann rührte sich noch immer nicht. Nur spitz kam es aus seinem eleganten Mund: „Sei still!"
Pierre Vallee berührte es nicht; er lächelte sogar, er lächelte hintergründig, es konnte das Gegenteil bedeuten.
„Lass mich ausreden, Bud! Die verkohlten Rippen meiner Fabrik starren noch immer in den undurchsichtigen, dumpfen afrikanischen Himmel. Damals. In Marapua. Da hatte ich einen Freund ..."

Bud Morrison hatte Mühe, seine Lippen zusammenzupressen; die gaben aber von selbst nach und öffneten sich ein wenig. Aber es gelang ihm nicht, einen Laut zu bilden. Dafür blitzten seine schönen blauen Augen, wollten einen Angriff einleiten.
Pierre Vallee hatte sich dem Verhalten seines Gegenübers angepasst; seine Lässigkeit wirkte jetzt wie gemeißelt, hingestellt mit ganz anderer, noch verdeckter Absicht.
„Mein Freund hieß Louis Coteaux. Er wurde mein Kompagnon. Ich will dich nicht langweilen, Bud ..."
Morrison blieb nichts anderes übrig, wollte er das Steuer nicht aus der Hand geben, gelöst und locker wenigstens zu erscheinen.
„Rede schon, Pierre!"
„Diesen Louis Coteaux hatte ich bald durchschaut, Bud. Ich wusste bald, er war ein ehemaliger Capitain der Fremdenlegion, stammte aus Marseille. Er war steinreich durch Schmuggel mit Rauschgift, Gold und was weiß ich geworden ... Als ich Louis Coteaux kennen lernte, nannte er sich Graf Brunnier."
„Was hat das mit mir zu tun?"
Das hätte Morrison nicht fragen dürfen, es war ein schwacher Schachzug. Hatte Vallee ihn schon weich geklopft?
„Vor anderthalb Jahren verschwand dieser Louis Coteaux. Unmittelbar danach brannte meine Fabrik ab. Steckte Coteaux dahinter? Ich passte nicht in seinen Kram."
Jetzt ließ sich Morrison zu einem Dialog verführen. Ihm ging es wie manchem Gepard. Da stellten sie eine Falle hin, so ein Drahtgitter, legten Ziegenfleisch hinein, nicht zu alt, aber es sollte schön stinken, damit so ein armer Gepard, Kilometer weit entfernt, herantrabte und in den hinter ihm zuschlagenden Käfig ging.
„Du steigerst dich da in etwas hinein, mein lieber Pierre."
„Du scheinst mich zu verstehen, mein guter Bud."
„So? Tu ich das?"
„Ich sollte die Polizei um Aufklärung bitten."

„Wir könnten uns auf einer anderen Ebene treffen."
„So?"
„Ich meine nur so."
„Auf welcher Ebene denn?"
„Nehmen wir an ... also nehmen wir an, du bist gar nicht Pierre Vallee."
„Sondern?"
„Ist ja nur ein Beispiel, eine Redewendung, was auch immer. Nehmen wir an, du bist irgendein Gauner, der Pierre Vallee umgebracht hat."
„Oweia! Du bist aber ein Schlaumeier, Bud."
„Wir müssen Carol von jeder Aufregung fernhalten."
„Klar, Bud, das sollten wir."
„Wenn Pierre Vallee bei der Katastrophe in Marapua umkam ... ganz klar, er ist dort umgekommen! Sonst würdest du jetzt nicht Pierre Vallee sein!"
„Klar, ich bin der kleine Ganove, der irgendwie von Vallees Tod gehört hatte ... vielleicht ... Mensch, Bud! Vielleicht war ich gar Zeuge!"
„Du meinst?"
„Meine ich!"
„Ich ... ich würde ... hm ... zahlen würde ich ... jede ... nicht jede Summe ... natürlich ... damit Carol sich nicht aufregt."
„Ich sollte mich doch lieber der Polizei stellen, Bud. Da steck ich verdammt in der Klemme."
„Polizei? Bilde dir nur nicht ein, dass du kleines Arschloch mich aufs Kreuz legst!"
„Ich denke, du solltest dich ein bisschen abkühlen, Bud."
Bis hier ging es ganz flott, jedenfalls für den, der bis jetzt für Pierre Vallee gehalten wurde! Schlag auf den Gordischen Knoten! Flatsch! Und das war's!
Aber dem war nicht so! Dem war ganz anders! Morrison verlor jede Contenance!

„Du dreckige Laus! Ich zerquetsche dich! Ich mach dich kalt! Ich hab meine Leute! Die machen dich zur Sau! Fällt gar nicht auf! Du Drecksau! Gleich ruf ich die Burschen!"
Morrison sprang auf, kippte dabei die Scotch-Flasche um, der sich immer noch Vallee nannte fing sie auf und erhob sich gemütlich.
Morrison stürzte ans Telefon!
Da schrillte es! Heulte! Jaulte! Wie der Notdienst auf der Straße! Wie die Polizei! Und alles flitzte zur Seite.
Auch Bud Morrison prallte zurück, blieb wie angewurzelt stehen, kämpfte gegen einen möglichen Herzinfarkt!
Wütend! Zähnefletschend! Ungeduldig tobte das Telefon! Und der sich Pierre Vallee nannte, musste nachhelfen.
„Der Telefonierer, Bud. Nun geh schon ran."
Während das Telefon schrie, geiferte, näherte sich Bud Morrison, mehr geschoben als von selbst gegangen, schlich sich an das Telefon, nahm den Hörer ab und hielt die Muschel vorsichtig, als war sie glühend heiß, doch dann dicht gegen sein Ohr, um jedes Wort zu verstehen.
Hinter seinem Rücken lauschte dieser Kerl im verblichenen ehemals blauen Jeans-Anzug.
Hart, fremd, wie von einem andern Erdteil, vielleicht Chinese, Kirgise, Hottentott, sprach es aus der Muschel, stieß wie Dolchstiche gegen Buds Trommelfell.
„Zählen Sie bis 13! Der 13. ist am Freitag! Übermorgen! Freitag wird Ihr Todestag!"
Dann machte es im Telefon Knack. Die Tarantel hatte zugebissen.
Reglos standen die beiden Männer, starrten auf das Telefon. Jeder hatte seine eigenen Gedanken. Sie sahen den Schatten nicht, der draußen vor der Terrassentür stand, seine clowneske Nase gegen die Glasscheibe presste, und wieder verschwand.
Es war Clemens, der hinter dem Weißdornbusch pisste.

2.

Sah aus wie ein Kirchenschiff im Innern, nach den rituellen Übungen der Menschen mit ihren geweihten Vorbetern. Alle waren draußen. Auch die Orgel und ihr Dompteur hatten ihre Aktion eingestellt. Vielleicht huschte noch eine Kirchenmaus unter die Bänke, hin nach ihrem sichern Mauerloch. Die Kirche war leer, war mit ihrer Heiligkeit allein, die Steine, Gläser, das Holz und das Wachs der Kerzen, sie alle waren jetzt unter sich, funktionslos, nicht mehr zweckgebunden.
So war's auch jetzt in diesem Raum, der hinten mit einem afrikanischen Vorhang schloss. Nur noch das schwerfällige, leise Tacken der alten Standuhr belebte die Stille. Tarantel Telefon war im besten Fall eine dösende Kröte, ein Klumpen von Ochsenfrosch, mehr aber nicht.
Und draußen schlummerte friedlich der Park. Hier hatte die weise, unergründliche Natur das Sagen; da konnten die Menschen daran drehen, wie sie wollten. Es war am späten Nachmittag. Die Sonne machte den kühler werdenden, hin zu seiner rauen Hälfte eilenden Herbst halbwegs erträglich, sie hatte den Weißdornbusch abgetrocknet – von den Unbilden, die Clemens ihm angetan hatte.
Mit einer Harke in der rechten Hand und in der Linken mit einem unförmigen geflochtenen Weidenkorb säuberte Jon, der alte Gärtner, das nach der letzten Jahresrasur kurz geschnittene zarte Gras von übrig gebliebenen, abgebrochenen, heruntergefallenen Zweiglein und Blättern und vergaß Gott und die Welt.
Hier vom Zimmer aus wirkten seine Bewegungen, sein Bücken und Hantieren, wie nicht bewegt, nur angedeutet und nahe der Zeitlupe. Man verlor das Interesse, ihn zu betrachten. Hier im Zimmer aber regte es sich wieder ... Wer? Und wenn, wer, dann womit? Dämliche Frage! Unsere alte Freundin, die dunkelrote Kirschbaumholzige, rasselte wieder asth-

matisch und quälte anschließend fünf unergründlich tiefe nur angedeutete, kurze Basstöne heraus, schwieg dann wieder und ließ, kaum vernehmbar, nur noch ihre übertrieben langsamen Pendelschläge tacken.
Stand hier und jetzt die Zeit still? Im Gegenteil! Sie raste! Sie stürmte hin! Ins Ungewisse! Dieses Phänomen vollbrachte nur die Zeit! Sie war viel schneller als menschliches Denken und andere kleinkarierte Unternehmungen.
Im Park lenkte eine hastige Bewegung ab! Es war eine optische Täuschung, wenn man glaubte, sich leichtfertig einbildete, die Zeit würde gerafft!
Bud Morrison sprang regelrecht über den Rasen!
Bud Morrison war sorgfältig gekleidet. Wie gestern. Alles, was auch heute recht war, der Bursche hielt auf sein Äußeres, mehr hatte er nicht, kaschierte damit sein Primitives, das von dem ganzen Kerl längst Besitz ergriffen hatte.
Eifrig sprach Bud Morrison auf seinen zwergenhaften Gärtner ein. Und Jon stand da mit offenem Mund, mit stumpfen Augen, in denen sich kein Argwohn regte, in denen nur fleißiger Gehorsam sich bemerkbar machte; ein Resultat lebenslanger Fußtritte nicht nur in den Hintern.
Dann huschte Bud Morrison wieder von der Bildfläche.
Es blieb ein Rätsel, was eben geschah. War's nur die Anweisung, den angepissten Weißdornbusch zu säubern oder alle Parktüren zu schließen oder ... zu mehr reichte es bei Old Jon wohl nicht!
Der Gärtner bückte sich wieder, hantierte kreuz und quer über den Rasen, schrubbte auch hinter dem Weißdornbusch und hatte noch nicht einmal angefangen, zu denken.
Und wieder war's wie am Anfang, wieder herrschte die Stille, draußen wie hier drinnen, eine Stille, die mit ihrer Stille langsam aber sicher wieder zu drücken begann.
Heute, es war der Donnerstag vor dem bewussten Freitag, dem 13. Heute war der Tag schon fast gewesen, fast geschafft;

es fehlte nicht mehr viel, dann würde der Telefonierer ... Ruhig Blut, Herrschaften, ruhig Blut, so dachten alle, wohl die meisten, bestimmt Pierre Vallee oder vielmehr der, der sich so nannte, der noch so genannt wurde.

Der afrikanische Vorhang wedelte, Vallee betrat den Raum, auch er in den Klamotten von gestern.

Er schlurfte gedankenverloren über den Teppich, sah weder nach links noch nach rechts, beachtete weder die alte Dame Standuhr noch Kröte oder Tarantel Telefon, achtete nur auf die abgestumpften Spitzen seiner Joggingschuhe, dass sie sich nicht im Dickicht des Teppichs verfingen.

Pierre Vallee grübelte.

Er setzte sich in „seinen" gelben Ledersessel und blieb abwesend. So schien es jedenfalls.

Da saß er nun und wartete. In seinem faltenreichen Gesicht arbeitete es; er hatte sieben Falten, die seine schmale Physiognomie tief durchschnitten. Zwei Falten, es waren die üblichen, die sich im Laufe eines nicht nur arbeitsreichen Lebens bildeten, sie liefen links und rechts der beiden Nasenflügel schräg nach unten weg, waren Kerben, die Welten trennten. Oben das denkende Gesicht, unten das fressende und saufende. Zwei weitere Falten spalteten die schlappen, wetterfesten Wangen, so dass Vallee da oben vier Bäckchen hatte, die mit den beiden mageren wie Wellblech anmutenden Backen, die als Hosenboden sein Sitzen möglich machten, ein halbes Dutzend Backen ergaben. Dann zerschnitten noch drei weitere tiefe Falten seine unverkennbare Denkerstirn; da sich die untere der drei nur als halbe Falte verlief, war anzunehmen, dass der sich Vallee nannte manches noch nicht zu Ende gedacht hatte.

Er wurde abgelenkt; der afrikanische Vorhang bewegte sich wieder, hatte offensichtlich die Funktion einer Signalkelle, nein, natürlich einer Signalfahne für freie Fahrt auf einem Güterbahnhof.

Der Nächste kam. Er schlug den afrikanischen Vorhang zurück. Es war Bud Morrison. Er hatte nicht die Terrassentür

benutzt; vielleicht steckte der Schlüssel von innen, wahrscheinlich sogar, aus Gründen der Sicherheit.
Morrison tauchte vorbei, hatte es eilig. Aus den Augenwinkeln entdeckte er seinen Rivalen, sofort stolzierte er und staunte überhaupt nicht, wieso der Bursche hier so tatenlos herumsaß! Nicht einmal mit dem Scotch beschäftigt war!
Morrison rüttelte an der Terrassentür; er tat es gewissenhaft, fast betulich. Die Gläserne gab nicht nach. Inzwischen plauderten sie Belangloses.
„Ist bald wieder so weit, Bud. Dann rasselt's wieder."
„Warst du bei der Polizei?"
„Werde nicht kindisch, Bud."
Morrison stand breitbeinig vor dem großen Fenster, wie ein Feldherr auf seinem Feldherrnhügel, mit einem genialen Kriegsplan im Kopf. Aber seine Augen verrieten das Gegenteil. Ausdruckslos schweifte sein Blick durch den Park. Und sie plauderten weiter ihr Belangloses.
„Wie geht es Carol, Bud? Ich hab sie den ganzen Tag nicht gesehen."
„Den ganzen Tag blieb sie in ihrem Zimmer. Nur das Mädchen war bei ihr, kümmerte sich um sie. Es geht ihr nicht gut, die Nacht muss entsetzlich gewesen sein. Ich lag wach in meinem Zimmer, konnte nicht schlafen. Wegen Carol."
Bud Morrison ging wie bei einer Beerdigung. Vallee fand Gefallen daran, es belustigte ihn. Bud Morrison knallte sich in seinen gelben Ledersessel. Staunend zog Vallee seine buschigen Augenbrauen hoch.
Und was geschah noch? Natürlich! Sie quatschten ihr Belangloses.
„Wann fliegst du nach Liverpool, Bud?"
„Weiß nicht. Hat Zeit. Ich werde den Prokuristen schicken."
„Hat Zeit? So plötzlich?"
„Scheißegal."
„Na gut, Bud, dann lass ich meinen schwarzen Anzug bügeln."

„Schwarzen Anzug?"
„Für deine Beerdigung, Bud."
Nervös, bis unter die Haut gereizt, rote Flecken im Gesicht stand Morrison auf, mit einem Ruck, dass sein gelber Sessel ächzte. Reg- und ratlos stand er. Vallee half nach.
„Schenk dir einen Scotch ein, Bud. Das hilft."
Morrison griff in die Innentasche, wo sonst seine pralle Brieftasche steckte und zog eine Smith & Wesson heraus, fuchtelte mit dem Mordsding herum.
„Aber, Bud! Damit fühlst du dich sicher?"
„Ein Tag hat 24 Stunden, nicht wahr?"
„Lass mich nachrechnen, Bud. Genau. Es sind – gleich hab ich's – 1440 Minuten. Oder?"
„Wer du auch bist ... Pierre Vallee ... du warst in Marapua ... du bist Francois Maneaux ... oder Jim Forster ... oder Inazo Takasi."
„Ach, du kennst die Herren?"
„Aus der Zeitung. Eine marapuarische Schmugglerbande. Wurde vor Wochen ausgehoben. Ich glaube, es war in Marseille. Von der Interpol, glaube ich."
Was kam? Natürlich! Was sonst? Der afrikanische Vorhang wedelte und gab den Weg frei!
Dame Carol, wieder im schneeweißen Frottee-Bademantel. Und drunter? Da konnte man lange raten. Mehr als nichts hatte sie bestimmt drunter; sie war durch und durch sittsam. Ihre Füßchen steckten in rosaweichen, flauschigen Pantoffelchen. Carols Füßchen zeigten, strumpflos, weil die Fernheizung bestens funktionierte, ihre knallroten eine Idee zu jung angepinselten Fußnägel, mit leichtem Touch ins Silbrige. Neben ihr, keins ihrer Äuglein von Madams Füßchen lassend, damit Madam nicht stolperte, mit beiden Westerwald-Händchen Madams linken Arm in Höhe des Ellenbogens stützend, tippelte Alice Andernacher, auch sie in ihrem gewohnten schlichten Arbeitskleidchen mit blassblauen, vereinzelten, ver-

loren wirkenden Blümchen darauf. Es waren die im Westerwald wahrscheinlich nicht bekannten Enziane.
Notgedrungen beendeten die beiden Herren ihr Belangloses. Sie setzten sich manierlich hin.
Und Carol wirkte gar nicht mehr so kränklich.
„Wir sollten es uns gemütlich machen. Oder?"
Die Herren hatten damit nicht gerechnet und kleckerten völlig überrascht hinterher.
„Doch, doch."
„Warum nicht?"
Carol lächelte, was keiner erwartet hatte und sprach mit bestechender Liebenswürdigkeit: „Wir sollten uns von diesem Telefonierer nicht verrückt machen lassen. Schon fällt jeder über den andern her. Warten wir doch ab, was sich morgen tut. Wenn wir wachsam sind, passiert nichts. Und dann, meine Herren, könnt ihr euch meinetwegen die Schädel einschlagen!"
Die aufgeräumte Stimmung steigerte sich innerhalb weniger Sekunden zu einem albernen Trubel. Das war schon immer so; wenn eine verspannte Beklemmung wegplatzte, rauschte es wie bei einem Dammbruch. Carol hatte den Startschuss gegeben, agierte jetzt gekonnt wie ein ausgewachsener Maitre de Plaisir!
„Ach, Alice, geh doch! Servier den Scotch! Uns allen! Dir auch, liebe Alice!"
Und die kleine Westerwälderin huschte hier hin und dort hin, servierte wie auf den Dielen ihres „Dorfkrugs" in der fernen Heimat, goss ein, ganz fleißiges Au-Pair-Mädchen, lief hoch in Form, stach jedes großstädtisches Animiermädchen aus. Und Carol plauderte laut.
„Bud, tu um Gottes willen dieses furchtbare Ding da weg! Ich fühle mich richtig bedroht! Wenn es los geht!"
Hastig stopfte Bud, fast verlegen, seine Smith & Wesson in die linke Seitentasche seines Zweireihers, in der sonst seine prall gefüllte Brieftasche steckte.

Nun kam Carol erst richtig in Fahrt. Sie trank, plauderte trotzdem weiter, verschluckte sich beinah. Es hatte der laute, gemütliche Kreis die letzten Kontrollen abgeschaltet. Die Dame des Hauses nahm die „Casablanca" in Beschlag, klopfte mit einem Händchen Alice, ihr Hündchen, zu sich; die schlängelte sich eng gegen die Hüfte der Herrin.
Die beiden herrenähnlichen Herren wühlten in ihren gelben Ledersesseln ihre kochenden Körper. Und sie tranken, plauderten, tranken. Das große Wort führte Carol.
Sie hätten es nicht gehört, wenn sie nicht zufällig nach Luft schnappen mussten! Das Telefon klingelte! Diese lächerliche Kröte, dieser aufgepumpte Ochsenfrosch schüchterte nicht mehr ein! Sie guckten sich an und lachten!
„Bud! Zerquetsch die Tarantel!"
„Aber ja, Carol! Die zerquetsch ich!"
Auch die blaue Vogelscheuche im Jeans-Anzug und der kleine Enzian aus dem deutschen Westerwald kicherten. Ungeduldig wie springende Kinderchen vor dem Weihnachtsbaum umtanzten alle vier das Telefon, auf dem frei stehenden Tischchen. Das ochsenfroschgroße Monstrum klingelte lächerlich, bellte erbärmlich, schaffte nur ein heiseres Krächzen; so klang es, weil ... nennen wir sie Kinderchen ... weil die Kinderchen das Klingeln des Telefons überschrieen. Gekränkt verstummte der Ochsenfrosch.
Mit dem Verstummen schrumpfte auch ihre Laune; nur ein bisschen, aber der Lärmpegel war doch erheblich gesackt. Sie setzten sich wieder auf ihre Plätze. Die Herren in ihre gelben Ledersessel. Beide Damen, auch Alice war eine geworden, ungeniert erkundete sie die ausgeprägten Rundungen ihrer Chefin, wenn es sich zufällig ergab, beide Damen bequemten sich auf der „Casablanca".
Carol hatte ihren Schwung verloren, verhielt sich nachdenklich. Und die andern hörten zu.
„Ich mache mir um Clemens Sorgen, Bud."

Das kam gar nicht so unvermittelt. Schon lange schleppte sich Carol mit solchen Gedanken. Bud war das gar nicht recht.

„Aber, Carol. Wie kommst du denn auf den?"

„Ach, der arme Junge."

„Armer Junge? Das ist ein altes Wrack!" Der in dem verblichenen ehemals blauen Jeans-Anzug kam nicht ganz mit.

„Der hinter den Weißdornbusch pisste?" Schrill kicherte Alice. Das Ordinäre des Mannes gab dem Mädchen einen sexuellen Stromstoß, auf den sie nicht gefasst war.

„Pisste!" Keiner nahm Anstoß.

Keiner erwähnte mehr den Telefonierer. Man glaubte, diese unangenehme Angelegenheit vorläufig vergessen zu können.

Und Carol blätterte in der Chronik ihrer Familie, sie tat es, um an irgendeinem Ende die Unterhaltung wieder in Gang zu bringen.

„Ach, es begann kurz vor dem Krieg, um die Zeit der Berliner Olympiade, glaube ich. Ein gewisser Dr. Lukas Herzlein, Arzt, Jude, kam mit seinem zehnjährigen Sohn Clemens über Holland zu uns, sprang den Nazis von der Schippe. Die Mutter war schon viel früher gestorben; weit vor den Nazis. Da war Clemens noch das Söhnchen Klein-Clemens. Die Frau starb, ich weiß nicht, an irgendeiner tückischen Krankheit. Dr. Herzlein eröffnete eine Praxis, drüben auf der anderen Straßenseite. Er war Chirurg, von Haus aus. Ein sehr guter Arzt. Er rettete meinen Großvater. Eine zu spät erkannte vereiterte Blinddarmentzündung. Früh starb Dr. Herzlein. Aus Dankbarkeit nahm mein Großvater Clemens zu sich. Er wurde ein Bruder meiner Mutter. Beruflich wurde er kein Licht. Wie so oft bei einem starken Vater. Er würgte sich durch Schule und Ausbildung, lernte von jedem ein bisschen, wurde nichts rechtes. So ging sein

Leben dahin. Er wurde alt. Dann schlich es heran. Ich sagte noch immer Onkel Clemens zu ihm. Irgendeine der tausend möglichen Demenz-Erkrankungen. Er war schon über siebzig, als wir es merkten. In der Orangerie, drüben hinter dem Teich, richtete ich für ihn eine kleine Stube ein. Dort lebte er, lebt er bis heute ... und unter der Aufsicht und Fürsorge unseres Old Jon, dem Gärtner. Ab da sagte ich nur noch Clemens zu Onkel Clemens."
Still war es geworden. Carol sprach nicht weiter, hing ihren Gedanken nach. Bud blickte stoisch, Alice eher verlegen und der im blauen Jeans-Anzug kratzte die unschöne Warze hinter seinem linken Ohr.
„Da gibt's keine Rettung. Vielleicht in hundert Jahren. Unheilbar."
Bud begann sich zu langweilen, sah auf seine pompöse Armbanduhr und verglich die Uhrzeit. Er schielte nach der Standuhr, verzog sein Gesicht.
„Die hat Carol behalten. Geschmacksache. Andenken. Respekt vor diesem Dr. Herzlein. Na ja. Nicht mein Fall. Aber wir sind ja tolerant."
Die Pause, nur mit Stille und ein bisschen Peinlichkeit angefüllt, wurde immer länger. Keiner hatte Lust, den Mund aufzumachen. Alice hatte wieder schüchtern ihr Schneckenhaus aufgesucht, sie hielt sich mäuschenstill an dem warmen, vollen Oberschenkel ihrer Chefin, wagte nicht, abzurücken; die Chefin könnte es falsch verstehen. Auch die beiden Männer verhielten sich nicht anders.
Es war regelrecht Ebbe, der Schaum war eingetrocknet, die Luft war raus.
Da knallte es! Ohren betäubend! Wie eine Explosion! Als wenn ihre schöne Villa einstürzen würde! Alice kroch mit spitzem Schrei auf Carols Schoß! Die andern saßen nur erstarrt!
Glassplitter fegten durch den Raum, klirrten auf dem Glastisch, verletzten aber keinen. Nur Bud entfernte mit zwei Fin-

gern ein Splitterchen vom Revers seines Zweireihers und legte den Glaskrümel auf die gläserne Tischplatte.
Auf dem Teppich lag ein Ziegelstein.
In der Terrassentür gähnte ein großes Loch. Die Tüllgardine hing zerfetzt in den gläsernen Zacken.
Hinter dem Weißdornbusch verschwand schon Clemens.

3.

War's wieder ein Wimpernschlag?
Vielleicht war's der letzte. Der letzte wovon? Von wem der letzte?

Sie waren alle gegangen.
Carol, gestützt von Alice, hatte sich mit ihrem Au-Pair-Spielzeug in ihren Salon verkrümelt. Carol musste ruhen. Und Alice verabreichte ihr die Tropfen von Dr. Newton.
Die beiden Männer hatten sich nur kurz umgesehen. Missbilligend waren sie einer Meinung über diese Attacke; sie brach zu überraschend über sie herein. Morrison hatte sich längst wieder in der Gewalt und rümpfte seine halbwegs edle Nase.
„Old Jon soll den Kram aufräumen. Ich ruf den Glaser an. Ach, spar' ich Geld. Das kann der Chauffeur auch. Dann knöpf ich mir diesen verdammten Clemens vor. Der wird zum potenziellen Mörder. Der muss hier weg. In die Geschlossene muss er. Wer weiß, was der eines Tages noch anstellt, der Idiot. Wird immer schlimmer mit ihm."
Schon rauschte Morrison hinter den afrikanischen Vorhang.
Der in dem verblichenen ehemals blauen Jeans-Anzug kratzte hinter seinem linken Ohr die unschöne Warze und griente über das ganze zerknautschte Gesicht.

„Und den Telefonierer hat er ganz vergessen. Er denkt, die Sache löst sich von selbst. Erstaunlich."
Das hatte Morrison nicht mehr gehört. Und der Noch-Vallee trottete ihm nach, so völlig inaktiv und desinteressiert, schlug den afrikanischen Vorhang zur Seite und blieb noch einmal stehen. Der Gaukler hob seine Krallen, man sah, dass er ein Adler war.
Auch er verschwand hinter dem Vorhang.
Jetzt hatte die Stille mit ihrer Stille wieder Einzug gehalten. Jetzt war's hier wieder wie in dem hohen Kirchenschiff nach dem Gottesdienst, zwei Meilen von hier. Jetzt herrschte hier wieder höchstens ... nein, Mäuse gab's hier bestimmt nicht. Hier war alles piekfein, pieksauber, die Katzen der Nachbarn räuberten hier, hier war ... ja, ja, der Ziegelstein, rausgebrochen an einer morschen Stelle der von Misstrauen und abstoßender Würde erbauten Backsteinmauer mit der Starkstrom-Krone, lag noch auf dem beigefarbenen Teppich, verborgene Glasscherben konnten noch immer empfindliche Schnittwunden einem Unachtsamen verabreichen. Und auch das Glaskrümelchen, von Morrison mit zwei Fingern auf den Tisch geworfen, war nicht weggeräumt. Und die Tüllgardine der Terrassentür hing zerfetzt in den gläsernen Zacken der ehemaligen Scheibe, Brüssels Spitzen lagen zerrissen davor.
Der Anblick machte die Stille laut, überlaut, schreiend.
Aber die Zeit drängelte.
Und der afrikanische Vorhang wurde wieder bewegt. Es wehte ein Luftzug. Leise knackte eine Tür. Da war ein Mensch gekommen. Er schlich, kam näher, schlurfte. Jetzt schoben sich zwei schimmelalte, blassbraune Schuhe, nein, Schlappen unter dem exotischen Stoff vor, als beäugten sie sicherheitshalber den leeren Raum.
Nur ein Weilchen blieben sie stehen, dann schlurften sie schrittweise nach links an den Rand des Vorhangs. Oben, mehr in der Mitte des mit Massai-Ornamenten besetzten Randes,

in Bauchhöhe, tastete eine verknöcherte altersgraue Hand sich vor, wurde sichtbar.
Der Mensch schob den Vorhang zur Seite.
Es war Clemens Herzlein!
Der Schatten!
Seine dunklen großen Augen glühten fanatisch, fiebrig, unstet und wirr. Sein bleiches Gesicht wirkte auch jetzt clownesk. Rote Flecken der Erregung bedeckten Stirn und eingefallene Wangen. Er atmete heftig, hielt den Mund geöffnet, kämpfte gegen steigende Hektik.
Erleichtert begriff er seine Einsamkeit.
Clemens schlüpfte aus den Schlappen, schlich auf Strümpfen über den Teppich, wollte sichergehen, dass er leise ging, trat wunderbarerweise auf keine Glasscherbe.
Er sah sich nicht mehr um, hatte nur noch ein Ziel. Schon stand er vor der Standuhr.
Gleichmäßig und unerträglich langsam tackten die Pendelschläge aus dem roten Kirschbaumholz, wie sie ein Menschenleben tackten. Es war, als wenn die alte Standuhr sprach, mit ihrem alten Freund sprach. Nichts Hochnäsiges war mehr da. Beide hatten sich immer verstanden, auf Anhieb verstanden, nie gab es Streit zwischen ihnen, bis Fremde sie stahlen und in diese Villa schleppten. Ein ganzes Leben lang hatte Clemens seine große schlanke Freundin gesucht. Durch Zufall, der Vater war schon lange tot, Clemens selbst ein gebrechlicher, alter Mann, fand er sie wieder. Die Leute hatten ihn, der nicht mehr wusste, wo er sich befand, der nicht mehr wusste, wer er selber war, der nur noch seinem toten Vater jeden Tag begegnete, die Leute hatten ihn in einen kleinen Stall gesperrt, mit einem Wächter davor. Nun gut, da hatte Clemens eine Bleibe, sein Essen, Trinken und Schlafen. Was wollte er mehr?
Lange, tief in Gedanken, die keine waren, versunken, verweilte Clemens Herzlein vor seiner geliebten Standuhr. Er stand

wie bei einem Gebet. Aber beten konnte Clemens schon lange nicht mehr. Ihm fielen die Worte nicht mehr ein. Nur, was ihn selbst aufs Innigste berührte, ihn traf, schmerzte oder ein bisschen erfreute, behielt er.
Er sackte langsam auf die Knie, seine alten Augen ertranken in den eigenen Tränen, trotzdem sah er die rote kirschbaumhölzerne Standuhr, hielt die Schläge des Pendels für die winkenden Arme seiner Braut, die verheißungsvoll vor ihm schwebte. Clemens Herzlein breitete seine Arme aus, so weit er nur konnte. Und so verharrte er.
„Erschrick nicht ... Ich liebe dich ... Endlich hab ich dich gefunden ... Die Unverschämten haben dich mir weggenommen ... Wir müssen jetzt gehen ... Du gehörst nicht hierher ... Ich kann dich auf dem Rücken nicht tragen ... Du bist zu schwer ... Erschrick nicht ... Du musst sterben ... Es ist so leicht und tut nicht weh ... Erschrick nicht ... Ich bin dein Mörder ... aber wir beide bleiben unschuldig ... auch ich ... komm ... wir gehen zu unserm Vater ... komm ... meine Geliebte!"
Und unablässig hatte währenddessen die alte rote Kirschbaumholzige mit ihrem Pendel genickt, hatte jedes seiner Worte verstanden und akzeptiert. Nun war sie für ihren Tod bereit. Clemens Herzlein stand auf, entschlossen und mit jugendlicher Kraft. Dicht stand er vor der Standuhr. Er öffnete mit einem Griff die Glastür ihres Pendel-Kastens, griff die lange Stange mit der bleischweren Messingscheibe unten, beendete damit ihr Leben.
Die Standuhr tackte nicht mehr. Es war still. Wie in einer Totenkammer.
Clemens Herzlein schwang die Pendelstange wie das Richtbeil eines Henkers. Durch das Gewicht der bleiernen Messingscheibe bekam er großen Schwung. Klirrend, Funken sprühend schlug das schwere Gewicht unter dem Zifferblatt ein. Clemens Herzlein entwickelte die Kräfte eines Riesen. Mit vier, fünf Schlägen zertrümmerte er die Standuhr. Splitter des

alten Holzes schwirrten durch die Gegend. Metallteile flogen herum. Emaille und Glas spritzten auf Clemens.
Er fällte seine Braut. Krachend zerbrach sie auf dem Teppich, lang ausgestreckt.
Dann war wieder Stille. Weiter war nichts geschehen.
Es polterte hinter dem afrikanischen Vorhang. Eilige Schritte schlugen auf das Parkett im Esssalon, Stühle wurden offensichtlich achtlos zur Seite geschleudert, fielen um und gegeneinander. Es polterte bedrohlich.
Das über hundert Jahre alte Massai-Tuch wurde weggerissen, dabei ging es in Fetzen. Der bunte Stoff war schon zu mürbe.
Bud Morrison stand auf dem wertlosen Lappen, er war gelaufen, atmete noch heftig.
„Na gut! Ich konnte das Scheißding auch nicht leiden! Dich aber auch nicht!"
Weiter kam Bud Morrison nicht.
Mit tierischem Schrei, schrill in den höchsten Tönen, bar des letzten Menschlichen, mit völlig entstellter Physiognomie stand Clemens Herzlein auf den Trümmern seiner kirschbaumhölzernen Geliebten, schwenkte die Stange mit der bleischweren Messingscheibe, drehte sich wie ein Hammerwerfer bei der Olympiade, verlor das Gleichgewicht und strauchelte. Ihn verließen die Kräfte. Die Pendelstange glitt aus seinen Schweiß verschmierten Händen und flog, Messingscheibe voran, gegen Bud Morrison, zwar gar nicht beabsichtigt, aber zielgenau.
Dann war alles vorbei!
Bud Morrison lag auf dem zerrissenen afrikanischen Vorhang. Er hatte die Arme ausgebreitet, als wollte er die Welt umarmen. Die Messingscheibe steckte in seinem Schädel, tief, bis über die Nasenwurzel. Bud Morrison sah aus wie ein Einhorn mit dünnem, langen Spieß von der Stirn gegen den Feind gerichtet, sah aus, wie ein Feuerwehrhauptmann, der mit prallen Backen ins Signalhorn blies, sah aus, wie ein Hammerhai; die Augen waren sehr weit nach außen getrieben, sie sahen jedoch nicht mehr.

Bud Morrison lag in seinem Blut.
Und Clemens Herzlein lag auf seiner zertrümmerten Geliebten, mit Brust und Bauch auf dem roten Kirschbaumholz, als suchte er ihr Herz. Sein Kopf, scharf weggeknickt, lag neben der linken Schulter. Seine aufgerissenen Augen sahen ungläubig nach der Zimmerdecke. Sein Mund war geöffnet, als wollte er sein Erstaunen bekunden.
Abrupt hatte alles geendet.
Diese Stille war nicht mehr zu ertragen. Es gab jedoch hier keinen Zeugen, der's sah und es ertragen musste.
Eilige Schritte trappelten im Esssalon.
Schon stand der im verblichenen ehemals blauen Jeans-Anzug vor Bud Morrisons Leiche.
Zwei jüngere Burschen, gemessen am Alter ihres vermutlichen Chefs, so Mitte dreißig, folgten ihm dichtauf. Ihre Garderobe war unauffällig. Alltagsklamotten. Was auffiel, waren die sich ähnelnden Jeans-Hosen, die sie zu Zwillingen machten, waren wahrscheinlich im selben Kaufhaus erworben.
„Da liegt er. So ein Mist! Ich wollte ihn lebend. Beinah hatte ich ihn. So ein Mist! Jungs, das ist Louis Coteaux, der Mörder von Pierre Vallee."
Der Lange runzelte die Stirn.
„Wieso musste ich den Telefonierer machen, Chef?"
Der kleine Dicke feixte.
„Mann, das war die Einkreisungstaktik vom Chef. Stimmt's, Chef?"
„Du kommst eins rauf, Blumentritt."
„Und ich, Chef?"
„Du auch, Boldowski. Wir haben ihn gemeinsam zur Strecke gebracht."
„Zur Strecke gebracht hat ihn doch DER da!"
Schon war der kleine Dicke an der Leiche des armseligen Clemens Herzlein. Die beiden andern kamen nach. Und der Lange hob einen seiner beiden Zeigefinger, es war der rechte, der von Rechts wegen rechte.

„Ja, ja, wer hat wen zur Strecke gebracht. Das ist die Frage. Wird 'ne Heidenarbeit für uns."
„Nicht für uns. Das ist Aufgabe der örtlichen Polizei. Solltest du wissen."
Der Chef stand versonnen zwischen den beiden Leichen, flankiert von seinen Burschen, die sich wunderten, dass ihr Chef ohne Grund die unschöne Warze hinter seinem linken Ohr kratzte und dabei undurchsichtig grinste.
Sie hatten hinter sich nicht die Bewegung bemerkt.
Carol, wieder von Alice gestürzt, war neugierig geworden.
„Was ist denn hier passiert?"
Der im verblichenen blauen Jeans-Anzug erlaubte sich die Andeutung einer Verbeugung.
„Kommissar Thatterwood, Interpol. Ich benachrichtige sofort die hiesige Polizei, Mrs. Morrison."
„Wie bitte? Ich kann das nicht sehen. Alice, ich brauche meine Tropfen."
Alice nickte verständnisvoll und drehte ihre Herrin mit dezentem Drücken um. So entwichen die beiden Damen dem Geschehen, zogen sich in Carols Salon zurück.
Kommissar Thatterwood kratzte wieder hinter seinem linken Ohr die unschöne Warze, schüttelte verwundert den Kopf und grinste noch immer.
Und die beiden Burschen Blumentritt und Boldowski kamen aus dem Staunen nicht heraus.
Der Gärtner Old Jon hatte fragend seinen einfältigen Kopf durch das große gezackte Loch in der Terrassentür geschoben und hatte sich nicht verletzt.
„Soll ich das aufräumen?"

**Der Autor
F.H. Beens –**

geboren 1926, am 4. Juli.
Nach der Schulzeit begann er seine Lehre in den Junkerswerken in Halberstadt und arbeitete im Rüstungsbetrieb während des 2. Weltkrieges.
Es folgte ein halbes Jahr Reichsarbeitsdienst und die Zugehörigkeit zur Division „Scharnhorst"
Da er zeitweilig keine Ausweispapiere besaß, „verkroch" er sich elf Wochen im Forst von Schönhausen.
Nachdem er sein Abitur nachgeholt hatte, studierte er vier Semester Germanistik und Geschichte sowie drei Semester Schauspiel und Regie.
Sein erstes Engagement fand er im Salzlandtheater Staßfurt, danach im Ensemble des National-Theaters, wo er sich die „Finger verbrannte" – Flucht war die Folge.
Mit seiner Frau „Bitti" und seinen zwei Kindern lebte er zwei Jahre in der Eifel in Armut.
Verschiedene Engagements führten ihn später nach Neuwied, St. Gallen, Bern, Linz, Ulm, Ingolstadt und Augsburg.
Seinen Weg bis zur Rente säumten Rollen u.a. als Helden, „Charaktersau" und Komiker.

F. H. Beens

... also sprach Hihi
– eine Kintopp-Geschichte –

Die Klappe fällt. Es gibt einen hölzernen Knall. Das Licht blendet auf. Keusch und hellblau spannt sich der Himmel. Lupenrein ist die Luft, kein Stäubchen, keine Kondensstreifen, ja, auch keine dreckigen, regenschwangeren Wolkenknäuel beschmutzen den Blick.
Erst leise und fern, geflüstert, weht ein „Hihi" heran. Nur Sekunden vergehen, laut und hautnah, auch drohend drückt das Echo „Hihi" gegen die empfindlichen Ohren.
Der Schwenk trifft die moderne Brücke über dem mit gewaltiger Kraft dahinreißenden Strom. Weit geschwungen wirken die stählernen Taue am hohen Mast, an breiter Fahrbahn aus der Distanz, wie zarte Fäden eines Spinnenwerks.
Unter der Brücke strömt das rostig-grüne Wasser; hier begreift der Mensch seine Ohnmacht.
Trotz der unbändigen Wucht fließt das Wasser ruhig. Die sich kaum andeutenden sanften Wellen verraten alles um sich mit ignorierendem Gleichmut.
Da spritzt Wasser auf, es ist die hoch schießende, dann in sich zusammenfallende Fontäne eines geworfenen faustgroßen Steins. Es kläfft „Hihi", kläfft ausgelassen, frech, am Rand der Albernheit ...

9,60 Euro • ISBN 3-86634-087-7
Paperback • 100 Seiten

F. H. Beens

Gefangen im Vaterland
Kleine Prosa

... Wir befanden uns mitten in der Agonie des Dritten Reiches, der kriminellen Persiflage der „Gottes-Gnaden-Monarchie". Es waren die letzten Zuckungen, in denen wir lebten, NOCH lebten.
Und schweigend stand das Dorf, wie sinnlos aufgerichtet, wie ein Freiluftmuseum. Ein Haus neben dem anderen, sauber, da war nichts defekt. Viele von ihnen keine hundert Jahre alt, manche erheblich älter, windschief – Einfamilienhäuser, Bauerngehöfte, gepflegte Straßen und Gärten ...
... aber!
Das Dorf war verlassen!
Was mag in diesen Leuten vorgegangen sein? Sie waren sesshafte Leute, sahen nicht über ihren Acker hinaus.
Der Frühling sprühte seine frische Luft über sie, hätte sie auch durch seine Blütenpracht erheitern müssen. Zumal sie ein auserwähltes Dorf waren. Seit Otto von Bismarcks Tod fühlten sie sich, mittlerweile seit, na ja, doch mindestens seit so um die vier Generationen, als seine Nachlassverwalter, für oder auch wider Hitler ... oder gar weder noch?
Und was war jetzt?

7,00 Euro • ISBN 3-86634-102-4
Paperback • 56 Seiten

F. H. Beens

Bitti und Fritze
und ihre wetterwendische Geschichte

„Bitti und Fritze" ist keine Autobiografie, obwohl sie die Grundlage des Romans ist. Aus kleinbürgerlicher Sicht, naiv, auch mit einem Schuss eulenspiegelschen Schalk läuft die Geschichte des 20. Jahrhunderts ab.
Die teils komödienhaften Anekdoten beruhen auf Tatsachen. Hervorzuheben ist, dass das Verhalten der Erwachsenen in jener Zeit *heute* nicht mit Häme zerrissen wird, sondern der kritischen Ironie des Autors unterliegt.

29,50 Euro • ISBN 3-938227-98-2
Hardcover • 524 Seiten